Ar Orwel Eryri

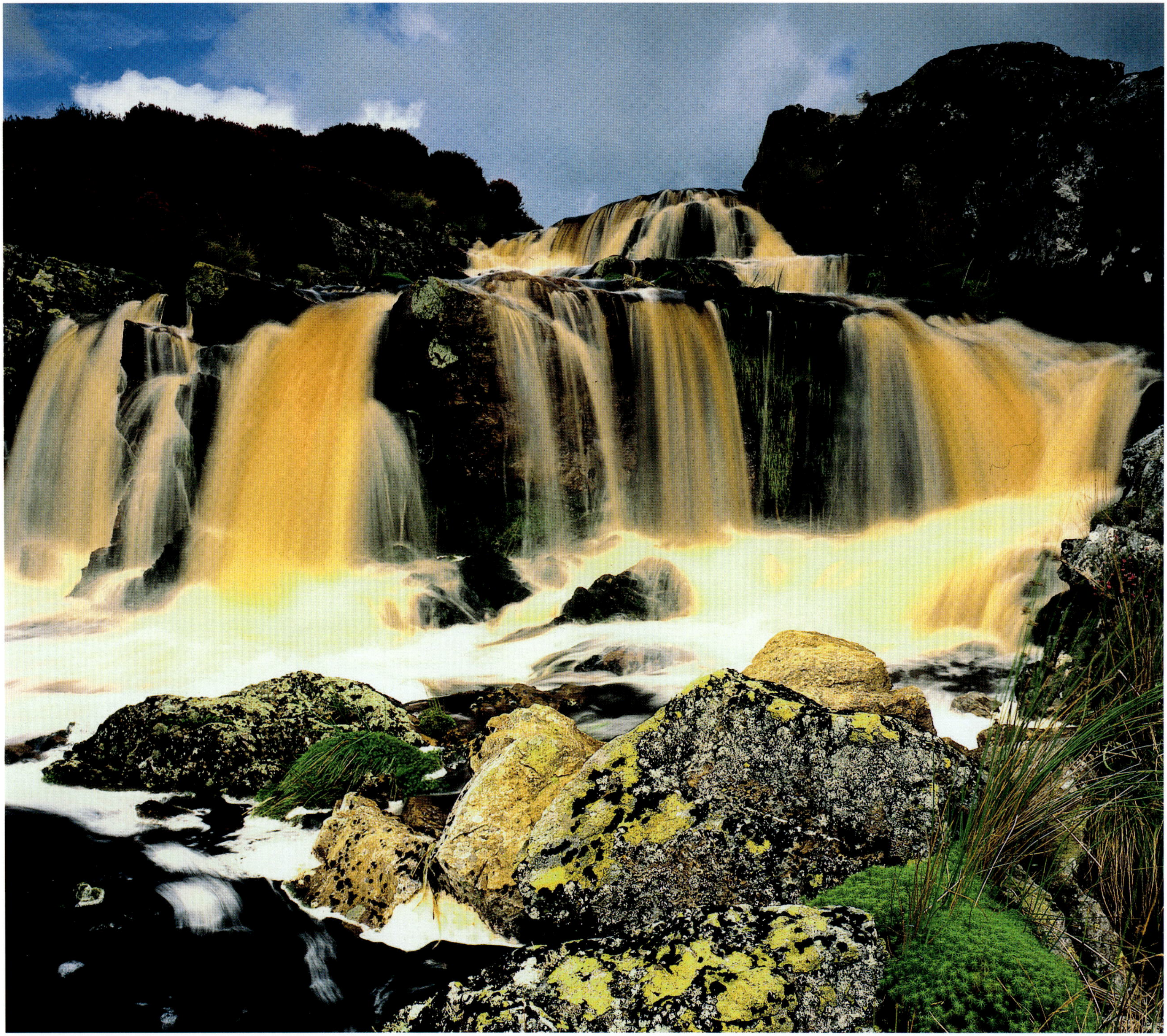

# Ar Orwel Eryri

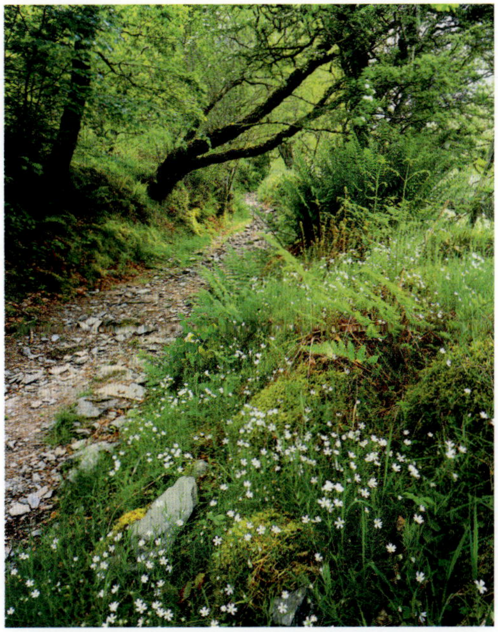

FFOTOGRAFFAU GAN STEVE LEWIS L.R.P.S.

YSGRIFAU GAN BOBL PARC CENEDLAETHOL ERYRI

Cyhoeddwyd gan Wasg Gomer
ar y cyd â Chymdeithas Eryri

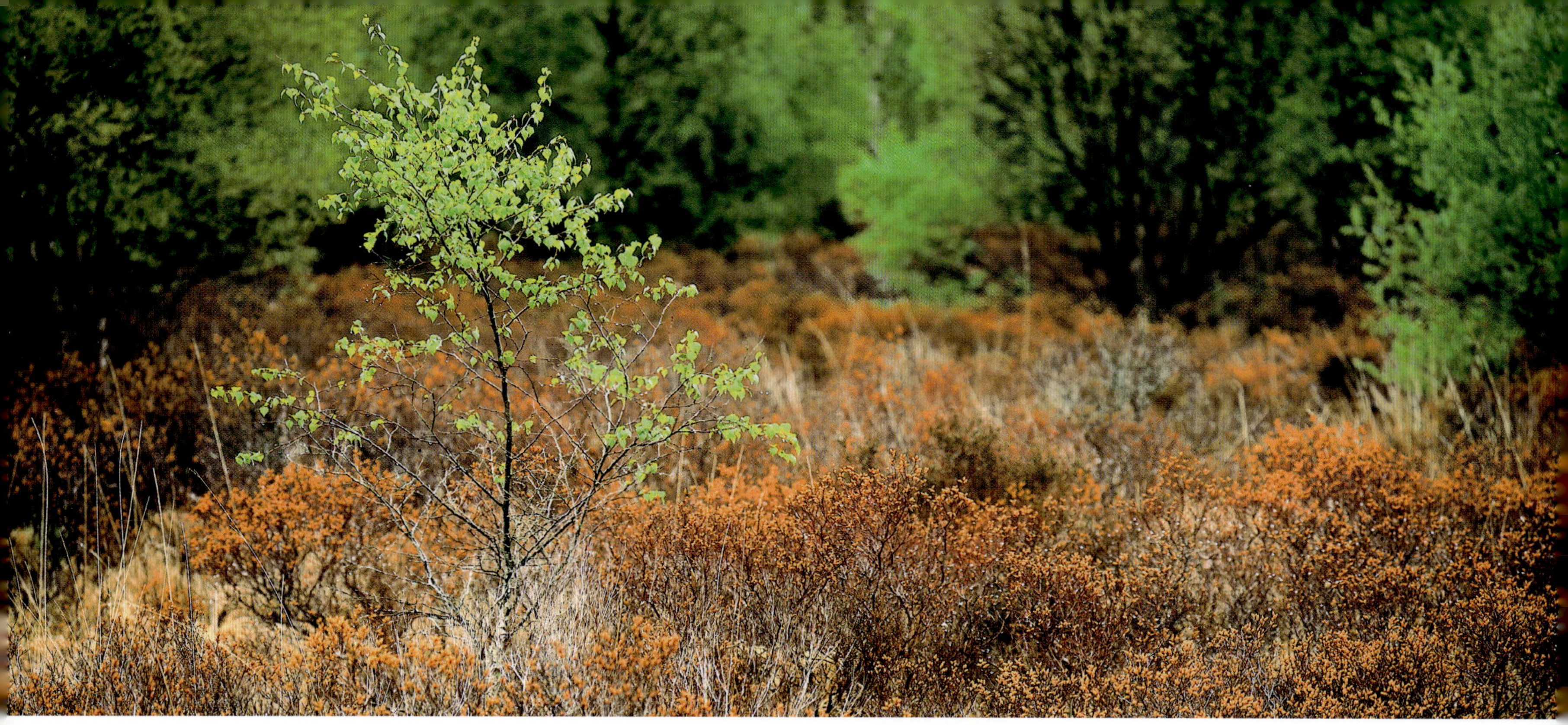

Argraffiad cyntaf
2005

ISBN 1 84323 487 4 (Clawr meddal)
ISBN 1 84323 486 6 (Clawr caled)



Cyhoeddwyd gyda chymorth ariannol Cyngor Llyfrau Cymru.

Argraffwyd yng Nghymru gan Wasg Gomer, Llandysul, Ceredigion.

Lle bu'n bosib yn y llyfr hwn, safonwyd sillafiad enwau lleoedd o fewn Parc Cenedlaethol Eryri yn unol â'r *Rhestr o Enwau Lleoedd/A Gazetteer of Welsh Place-names* (Gwasg Prifysgol Cymru) rhag drysu rhwng amrywiaethau lleol, boed ar arwydd neu fap.

Cydnabyddiaethau

Mae ein dyled yn fawr i'r deg ar hugain o bobl a gyfrannodd tuag at y llyfr hwn am fod mor barod i rannu eu profiadau a'u hargraffiadau o Barc Cenedlaethol Eryri. Hebddynt, ni fyddai'r llyfr hwn yn bodoli. Rydym yn ddiolchgar iawn i Bryn Terfel am ei gefnogaeth yntau ac am gytuno i ysgrifennu'r Rhagair. Ysgwyddodd Morag McGrath gyfrifoldeb am gysylltu â'r cyfranwyr ynghylch eu herthyglau; a hi, ynghyd â Rob Colister, a ymgymerodd â llawer o'r cyfrifoldebau golygyddol. Wrth gwrs, mae'n anorfod y bu staff Cymdeithas Eryri yn ymwneud â'r dasg ar brydiau a diolchwn i Rob Owen a Dan James am eu cymorth. Diolch hefyd i Sian Owen am ei chyfieithiadau i'r Gymraeg.

Rydym yn hynod ddiolchgar i staff Gomer, yn enwedig Ceri Wyn Jones, am eu cefnogaeth a'u hanogaeth o'r dydd cyntaf y daethom at ein gilydd i ddechrau trafod y prosiect.

Steve Lewis a Chymdeithas Eryri

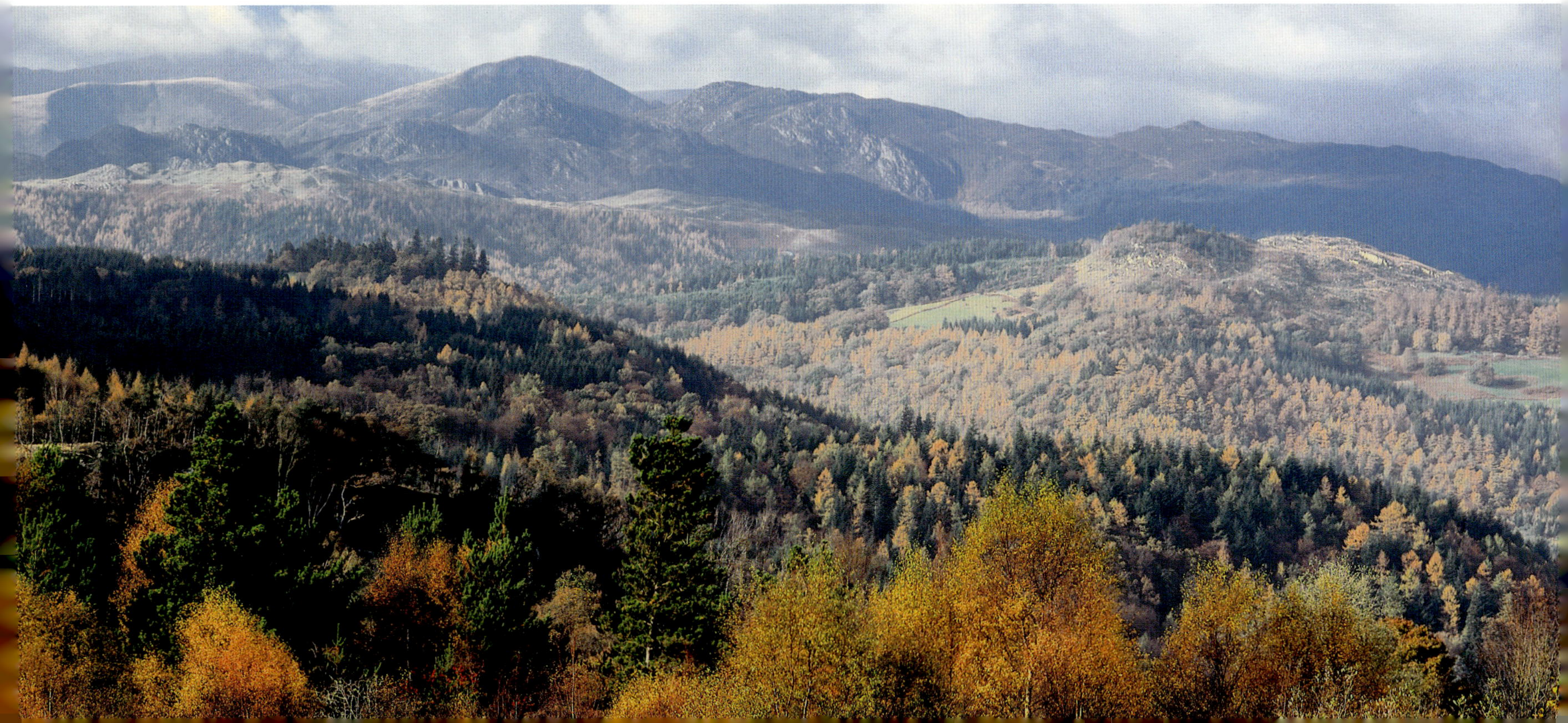

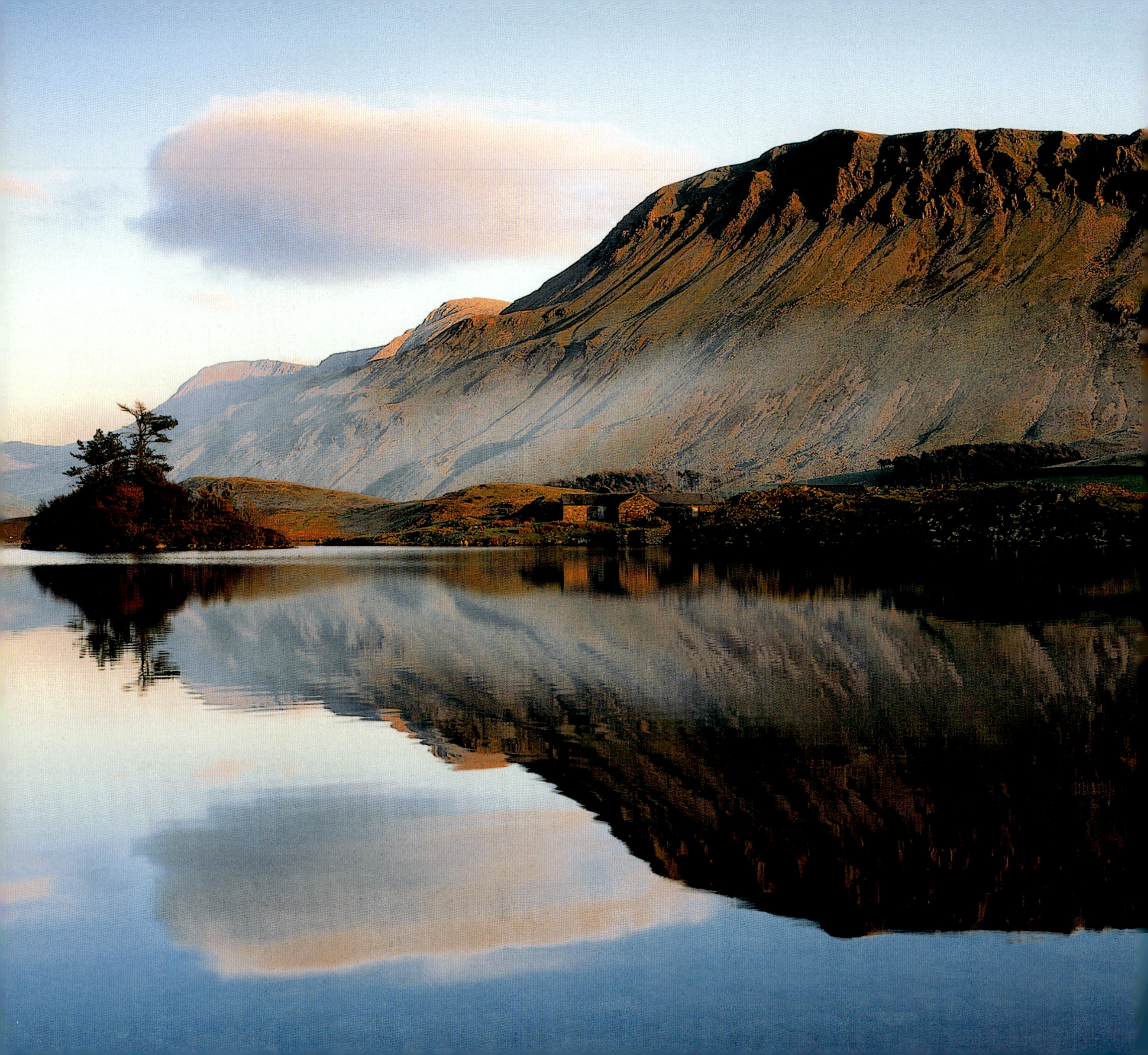

# Cynnwys

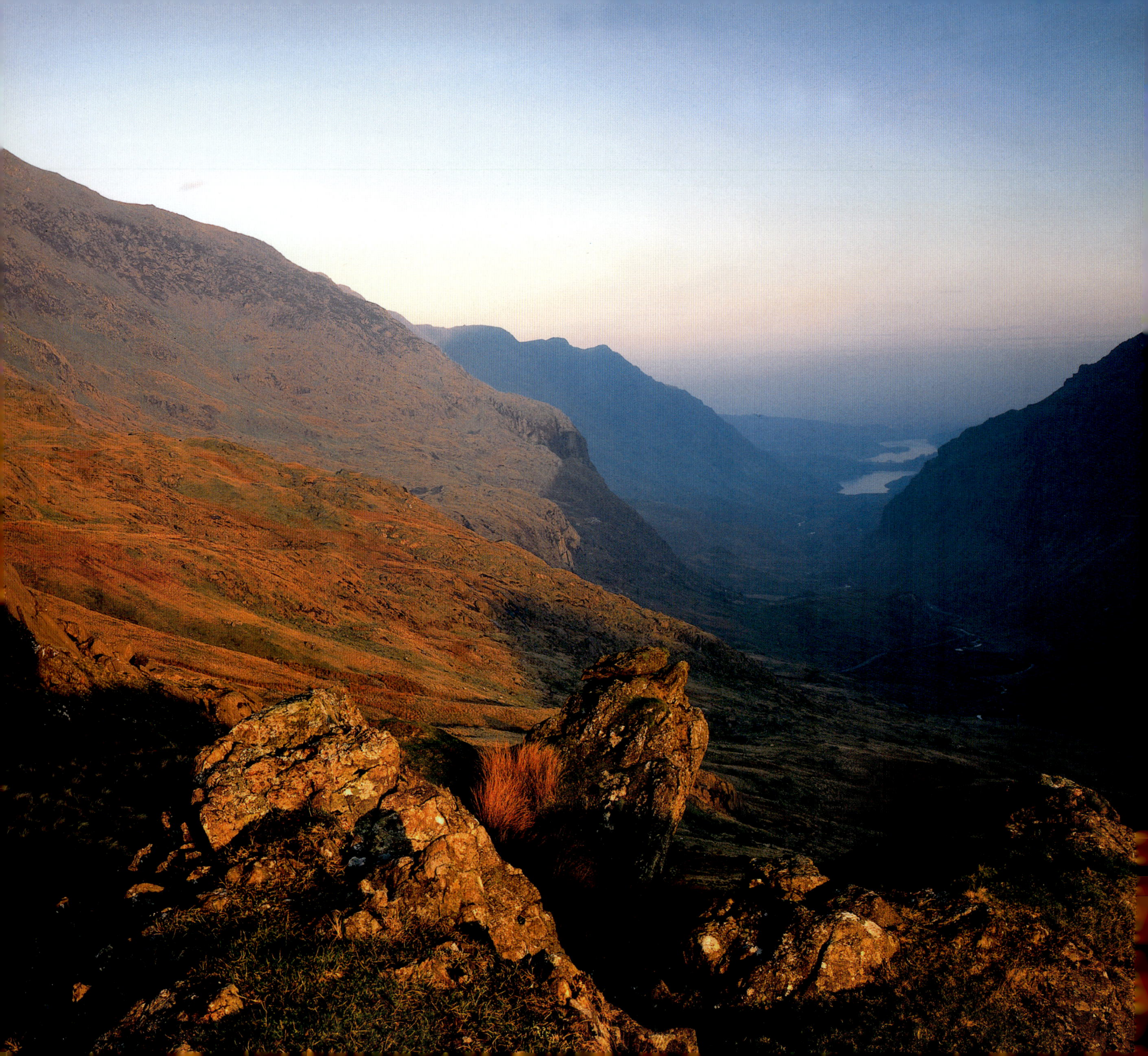

Rhagair gan

# Bryn Terfel

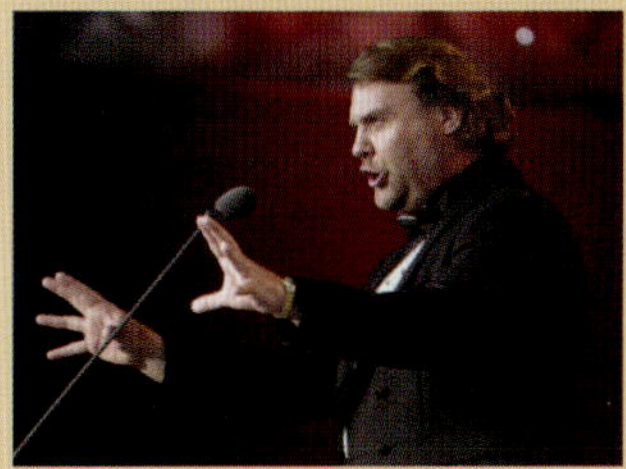
*Llun: Nigel Hughes, Porthmadog*

Mae cysylltiad anorfod rhwng tirwedd a phobl. Nid ardal wyllt yw Eryri, ond ardal lle bu pobl yn byw a gweithio ers miloedd o flynyddoedd. Tirwedd wedi'i chreu gan ddyn yw Eryri i bob pwrpas, eto mae'n anhygoel o hardd. Y Parc Cenedlaethol hwn yw'r mwyaf o'r tri sydd yng Nghymru, gan ymestyn o Gonwy i Aberdyfi yn y de ac o Harlech draw i'r Bala yn y dwyrain. Mae amrywiaeth hynod o olygfeydd yma, o gopaon mynyddoedd dramatig i ddyffrynnoedd tawel, llynnoedd gwych, bwrlwm nentydd a rhaeadrau, yr hen, hen goedwigoedd, erwau grug y Rhinogydd tua'r de, aberoedd bendigedig ac arfordiroedd godidog cyffiniau Harlech. Y mae yma, hyd heddiw, ambell fan lle gallwch brofi'r llonyddwch prin hwnnw, y gwagle mawr, a hyd yn oed dawelwch.

Mewn dwylo preifat y mae'r rhan fwyaf o dir y Parc Cenedlaethol. Yn hynny o beth, mae Parciau Cenedlaethol Prydain yn wahanol i weddill y byd. Eto, beth yw ystyr perchnogaeth? Mae pawb a gyfrannodd tuag at y llyfr hwn yn teimlo a chyfleu rhyw ymdeimlad o berchnogaeth, o fod yn berchen ar eu lle arbennig eu hunain. Mae Cymreictod amlwg Parc Cenedlaethol Eryri yn ei wneud yn unigryw, a daw hynny i'r golwg yn nifer o'r cyfraniadau yn ogystal â'r ffaith fod y llyfr yn cael ei gyhoeddi yn Gymraeg a Saesneg fel ei gilydd.

Dyma gyfrol sy'n cynnig golwg bur anghyffredin ar Eryri; fe'i cyflwynir o safbwynt y bobl sy'n byw a gweithio yno, pobl a fu'n helpu, ac sy'n dal i helpu, i siapio'r ardal a'i diwylliant. Braint i ni yw eu bod wedi dewis rhannu eu hargraffiadau, eu syniadau, eu hatgofion a'u hemosiynau gyda ni, yn eu geiriau eu hunain, a thrwy hynny roi cipolwg bychan i ni ar yr hyn sy'n gwneud y Parc a'i gymunedau yn rhan mor arbennig o'r byd.

# Cyflwyniad

Pan awgrymodd Steve Lewis wrth Gymdeithas Eryri y dylem gydweithio ar lyfr ffotograffig am y Parc Cenedlaethol, rhoddwyd croeso brwd i'r syniad. Gwyddem am ansawdd arbennig ei waith ac roedd ei syniadau am y prosiect yn swnio'n hynod o gyffrous. Yn hytrach na chanolbwyntio ar ei ddehongliad ei hun o dirwedd y Parc Cenedlaethol, ei weledigaeth oedd cynhyrchu delweddau a fyddai'n adlewyrchu argraffiadau pobl oedd yn byw a gweithio yn yr ardal.

Syniad syml oedd hwn yn y bôn: gofyn i gasgliad o bobl leol ddewis eu hoff fan neu ardal yn Eryri ac ysgrifennu pam yr oedd mor bwysig iddynt. Yna byddai Steve yn tynnu llun a fyddai'n ceisio adlewyrchu teimladau'r cyfranwyr am y lle.

Y broblem gyntaf oedd penderfynu pwy fyddai'n cyfrannu. Y prif linyn mesur oedd dewis pobl sy'n byw neu'n gweithio ym Mharc Cenedlaethol Eryri (neu sydd â chysylltiadau amlwg â'r Parc) ac a wnaeth gyfraniad arwyddocaol i'r ardal. Ein nod oedd cynnwys cynifer â phosib o bobl o wahanol oedran, cefndir a lleoliad, ond oherwydd amodau cyhoeddi roedd yn rhaid cyfyngu'r nifer i ddeg ar hugain. Mae'n anorfod fod y rhai a ddewiswyd yn y pen draw yn tueddu i fod yn bobl sy'n adnabyddus i Gymdeithas Eryri, ac ni fwriadwn ymddiheuro am hynny. (Un penderfyniad oedd peidio â chynnwys unrhyw un o aelodau cyfredol Pwyllgor Gwaith y Gymdeithas nac unrhyw ffotograffydd arall!) Roeddem yn awyddus i gynnwys ambell enw cyfarwydd, eto roeddem yn bendant nad cofnod o hoff leoedd 'enwogion' yn unig a fyddai hwn. O'r herwydd, mae yma gryn nifer o gyfraniadau gan bobl sy'n bennaf adnabyddus yn eu milltir sgwâr.

Cymharol ychydig ohonynt oedd wedi ysgrifennu ar gyfer unrhyw gyhoeddiad o'r blaen, eto mae cyfraniadau pob un ohonynt yn werth chweil, yn gyfoethog, yn llawn cynhesrwydd, gweledigaeth a dychymyg. Saif y geiriau'n destament i'w dealltwriaeth o Eryri, a gafael yr ardal arnynt. Wrth ysgrifennu am y man a ddewiswyd ganddynt, canolbwyntiodd rhai ar harddwch y tir, eraill ar atgofion plentyndod neu brofiadau penodol yn yr ardal. Mae aml un yn cyfeirio at gysylltiadau hanesyddol, yn ymwybodol o'r modd y gadawodd cenedlaethau'r gorffennol eu hôl ar dirwedd heddiw.

Cyflwynir persbectif y bobl leol, yn eu geiriau eu hunain, wedi'i ddehongli gan ffotograffydd â phrofiad eang o'r ardal, yn gipolwg amheuthun, personol ar Barc Cenedlaethol Eryri. Dyma gofnod parhaol, unigryw o harddwch un darn hynod o dir.

Morag McGrath
(Cymdeithas Eryri)

# Ar Orwel Eryri

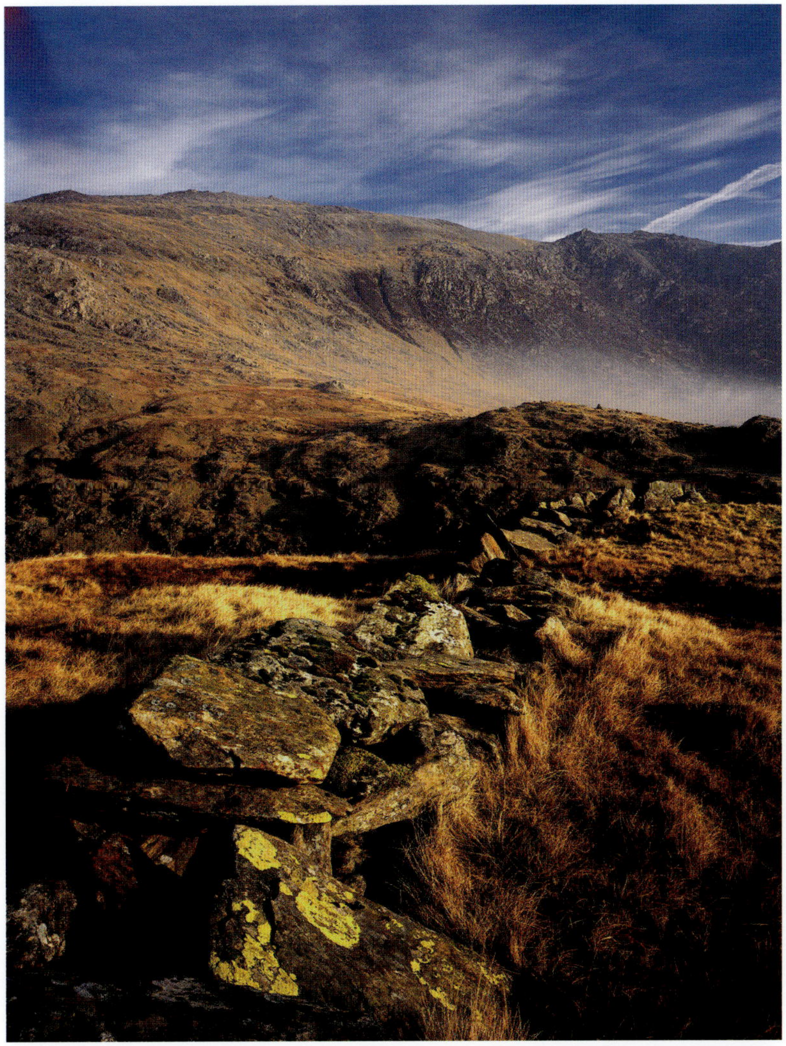

# Y Grib Goch

Mae'r Grib Goch tua phedwar cant a hanner o filiynau o flynyddoedd oed. Talp o graig folcanig ydyw, wedi'i gwneud o fica, cwarts a ffelsbar a'r olaf o'r rhain sy'n rhoi'r wawr binc i'r grib. Uwchben Nant Peris y mae'r Grib Goch yn llechu ac i mi, fel artist, bu'n destun rhyfeddod erioed.

Rwyf wedi ei phaentio o bob ochr ond fel arfer dewisaf edrych arni o waelodion dyffryn Nant Peris, lle gallaf weld y gefnen gyda'i lwmpyn craig fel tŵr ar y pen gorllewinol. Mae'n tra-arglwyddiaethu dros y dyffryn a chreigiau llai Clogwyn y Person a Gyrn Las. Mae rhaeadrau'n tywallt i lawr i'r afon islaw: mae'r un sy'n llifo trwy Gwm Glas yn un a baentiais laweroedd o weithiau.

Wrth i'r haul fudo o'r dwyrain i'r gorllewin y tu ôl i'r grib, bydd y mynydd yn tywyllu ac yn aml yn ddigon bygythiol ei natur. Dim ond wrth i'r haul ddechrau suddo y mae ei belydrau'n cyffwrdd ag un rhan arbennig o'r mynydd a phryd hynny bydd ei ochr orllewinol dan wawl euraid i gyd.

Rwy'n caru'r Grib Goch dan eira pan fydd yr awyr y tu cefn iddi'n disgleirio; bryd hynny bydd yr eira'n dywyllach na'r nen, ac mewn rhyw ffordd ryfedd, bydd y cyfan yn fwy diddorol i lygad artist.

Mae llwynogod a ffwlbartiaid ar lethrau isaf y mynydd; ac unwaith, gwelais garlwm yn fflach lachar o ermin y gaeaf, ymysg y cerrig mawr uwchben yr afon. Mae geifr gwyllt yn y clegyr uwch Nant Peris, ond pur anaml y'u gwelais ar ochrau'r Grib Goch ei hun. Yn is i lawr y dyffryn, mae geifr yng Nghwm Eilin, ond rwy'n fwy tebygol o'u gweld ar y clogwyni wrth waelod y Glyder Fawr a'r Glyder Fach. Islaw'r Grib Goch, mae'r gigfran a'r hebog tramor yn nythu, mae trochwyr ar yr afon ac unwaith, yn is na hynny, fe welais bâr o fwyeilch y mynydd. Dyna i chi fraint.

Yn y gorffennol, bu llawer i artist yn gweithio yng nghyffiniau'r Grib Goch. Bu Turner yma'n paentio ar y mynydd, a Cornelius Varley, ac roedd y rhan fwyaf o artistiaid y bedwaredd ganrif ar bymtheg yn ei chynnwys wrth dynnu lluniau o Eryri. Pobl yr haf oedden nhw, wrth gwrs; byth yn gweld eira ar y mynydd. Rwy'n ffodus iawn, oherwydd gallaf weld a phaentio'r Grib Goch ym mhob tymor, yn heulwen yr hafau a stormydd y gaeafau geirwon, hyd yn oed pan fydd y gwynt yn chwyrlïo am y gribell a'r glaw yn gyrru ei ddirgelwch i'r tir.

Syr Kyffin Williams



Gwawrddydd Alban Arthan, y Grib Goch.

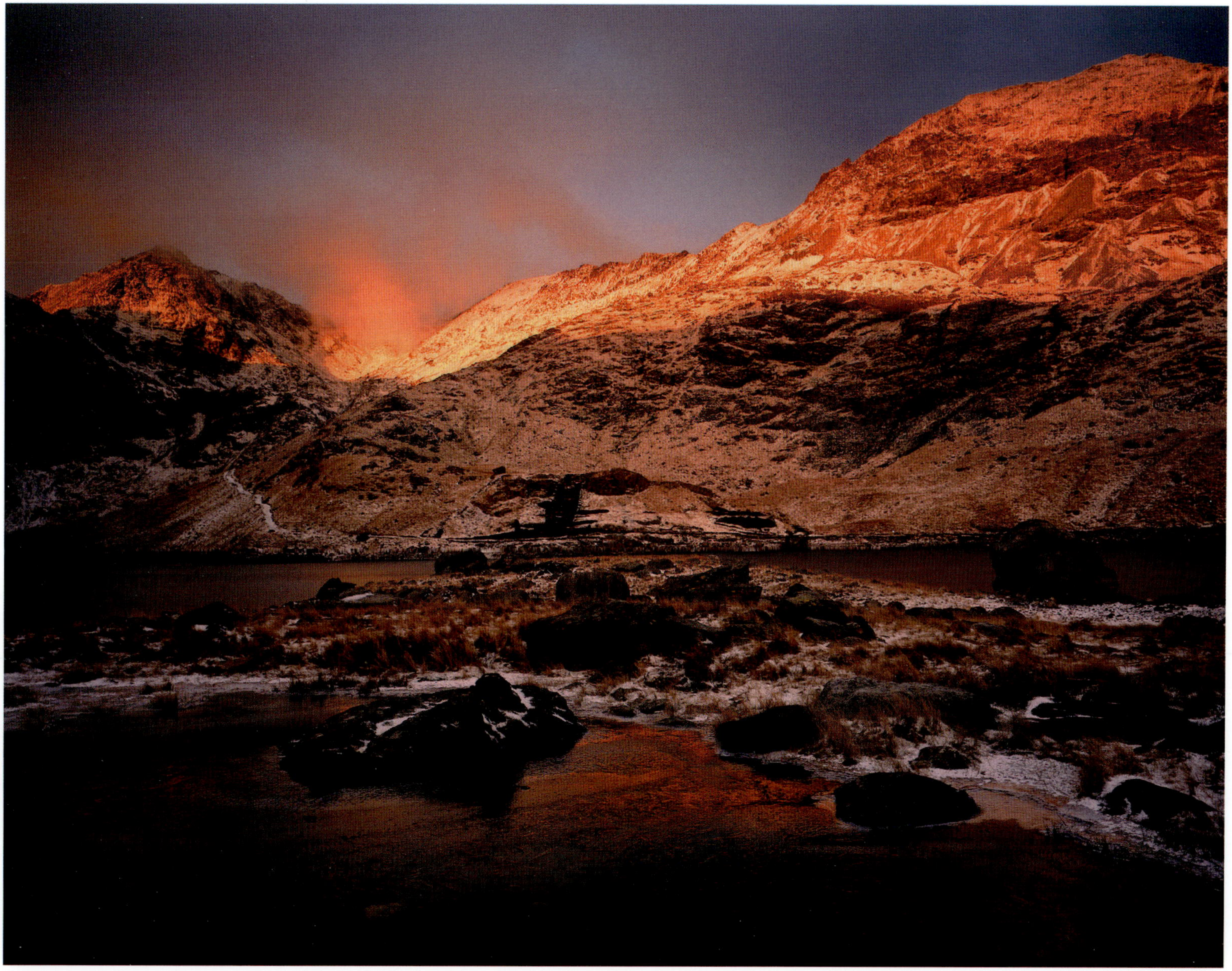

# Y Migneint

Pryd bynnag y caf ddiwrnod i ddenig oddi wrth fwrlwm fy ngwaith, byddaf yn gyrru i'r gogledd tuag at y Migneint, y darn diffaith o dir sy'n gorwedd rhwng y Bala yn y de a Betws-y-coed yn y gogledd. Neu o leiaf mae pobl yn credu ei fod yn ddiffeithwch: i mi, mae'n baradwys.

Gwnaf y bererindod lawer gwaith pob gwanwyn, gan ddechrau'n gynnar yn y bore er mwyn cyrraedd y rhostir cyn iddi wawrio. Yna, byddaf yn eistedd yn dawel yn y grug, yn gwylio a gwrando. O fewn dim, clywaf y gïach yn arddangos uwchben fel sŵn ceffyl yn gweryru, ac wrth i'r golau cyntaf daro'r gorwel, bydd ceiliogod grugieir duon yn ymgasglu i ddawnsio fel twrciod gwallgof. Ar fore braf o wanwyn, does dim golygfa well yn y byd i gyd na gwylio'r adar unigryw hyn yn arddangos mewn haid er mwyn denu cymar. Mae'n debyg i ddisgo gyda'r dynion yn gwylio'r merched yn dawnsio ond, ym myd yr adar, fod y ceiliogod yn gwneud y dawnsio a'r ieir yn dewis y cymar.

Does dim bore o wanwyn yn berffaith heb glywed cri'r gylfinir, er bod honno'n prinhau ledled Cymru erbyn heddiw, ac os byddaf yn ffodus, caf wylio aderyn mawr llwydwyn a blaen du i'w adenydd yn hedfan yn isel dros y grug yn chwilio am brae. Ceiliog y bod tinwen ydi hwn, yr aderyn ysglyfaethus harddaf yn Ewrop, ac er ei fod yn aderyn prin, bydd i'w weld o dro i dro ar y Migneint. Yma ac acw, bydd grugiar yn galw o'r tyfiant tal, a gwylanod Llyn Conwy'n hedfan yn ôl ac ymlaen o'r caeau islaw lle byddant yn bwydo ar fwydod a phob math o bryfetach.

Daw diwrnod poeth a gwyfynod i'r amlwg, yn enwedig yr ymerawdwr gyda'i liw arian neu efydd a'r llygaid mawr ar ei adenydd. Ymysg y migwyn tyfa chwys yr haul, planhigyn sydd wedi addasu i ddal pryfed gan fod cyn lleied o faeth yn y mawn, ac erbyn diwedd y gwanwyn, bydd plu'r gweunydd yn chwifio'i ben gwyn yn y gwynt. Daw adar ysglyfaethus y ffermdir, fel y cudyll coch a'r bwncath, i hela'r mynydd-dir; a heddiw, mae aderyn cenedlaethol Cymru, y barcud coch, wedi ennill ei le ymysg y gymdeithas naturiol.

Ydi, mae'r bywyd gwyllt yma i gyd i'w weld ar fryniau grugog y Migneint. Ond mae hyd yn oed diwrnod gwyntog, gwlyb lle bydd pob aderyn gwerth ei halen yn cadw'i ben yn ei blu yn ffisig i mi, cyn belled mod i'n cael denig i unigeddau'r mynydd diffaith hwn, i ffwrdd o'r gwaith, i ffwrdd o bobol ac i ffwrdd o'r byd a'i broblemau.

Iolo Williams

Graig Goch a'r Migneint.

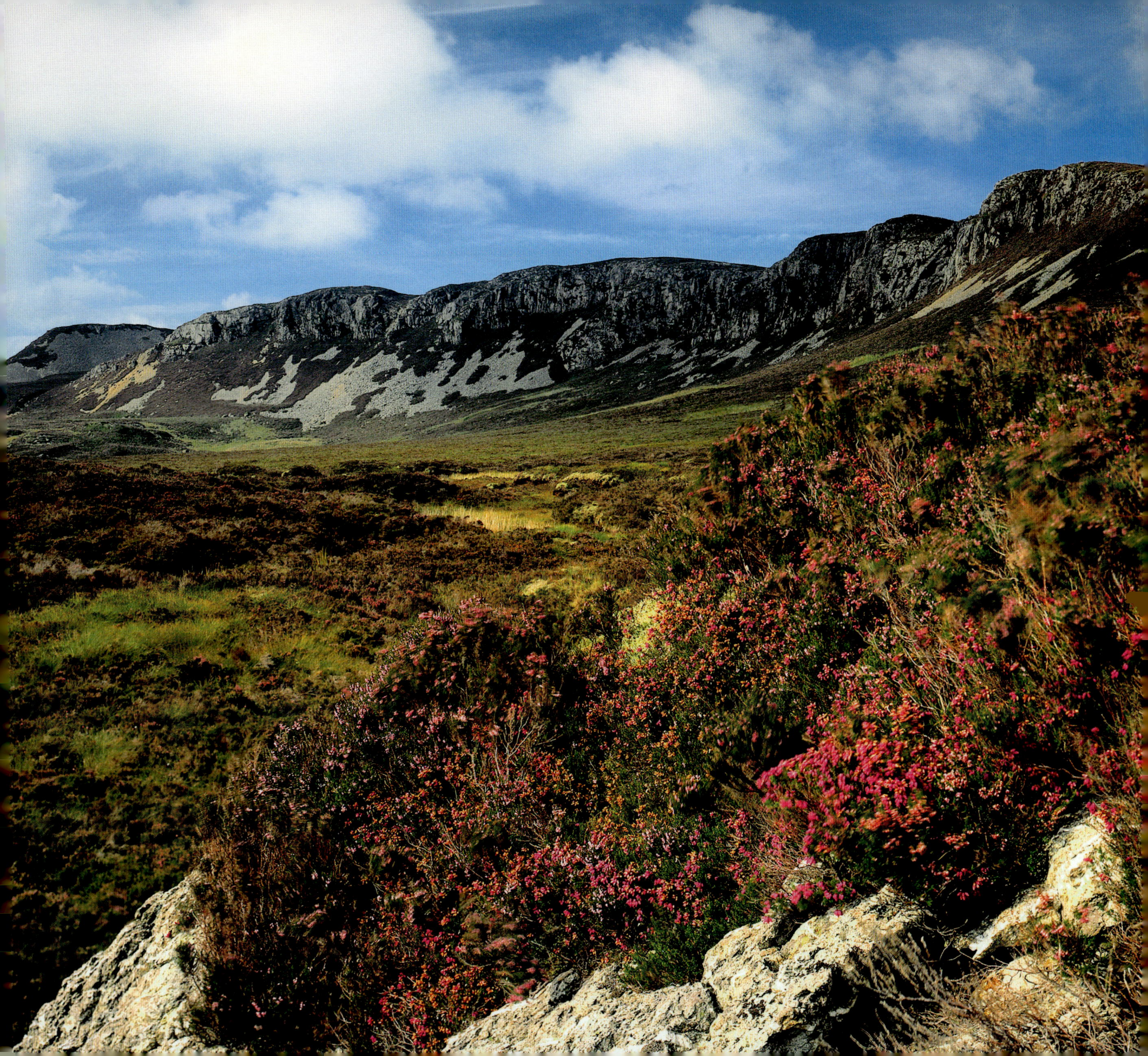

# Afon Dwyryd

Rwy'n twyllo fymryn bach trwy ddisgrifio siwrnai yn hytrach na lle: taith efo canŵ i lawr Afon Dwyryd, gan gychwyn lle mae'r afon yn cwrdd â'r A487 islaw Plas Tan-y-bwlch. Mae angen llanw cymharol uchel i ganŵio yma, a'r amser gorau yw cychwyn ychydig cyn penllanw, cyn i'r llanw droi. Gwybod tipyn am ganŵio, y llanw, y cerrynt ac ati: dyna i chi rai o'r pethau amlwg sy'n hanfodol ar gyfer y daith. Ond i mi, mae angen rhywbeth arall hefyd, sef fflasg o goffi a blwch yn llawn o gacennau!

I ffwrdd â mi gyda'r afon, y llechweddau coediog, serth yn codi ar y naill du – at y Rhinogydd ar y chwith ac, ar y llaw dde, cyn belled â chopa Moelwyn Bach. Troella'r afon ar i waered, a chyda'r Manod yn gysgodion tywyll o'm hôl, cyrhaeddaf hen gei Gelli Grin. Yma, arferai'r cychod gasglu llechi o chwareli Blaenau Ffestiniog a'u danfon i'r llongau hwylio yn harbwr Porthmadog. Mae'n anodd dychmygu'r fath brysurdeb heddiw, â'r lanfa'n dawel, dawel a cherrig cil y cei yn dadfeilio dan draed.

O fy mlaen, mae'r llethrau deiliog yn lledu'r mymryn lleiaf ac mae yma fwy o le, ond pont Brewett yn cario'r rheilffordd dros y foryd sy'n llenwi'r olygfa. Gan fod y bont ei hun yn gymharol fechan, a'r coesau pren llydan mor agos at ei gilydd, mae'r dŵr yn tasgu drwy'r bwlch cul oddi tani. Mae sleifio drwyddo bob amser yn gyffro i gyd, ac yn ddigon i godi gwallt eich pen ambell dro.

Saethu allan dan y bont a dyma olygfa wahanol, drawiadol o'n blaen. Rydw i'n syllu ar ehangder llydan yr aber. Ar y chwith, dacw silwét castell Harlech ar ei graig; ac ar y dde, Traeth Penrhyn, lle'r oeddem yn blant yn arfer codi cloddiau er mwyn rhwystro'r llanw rhag llenwi'r nentydd a ymlwybrai tua'r môr. (Afraid dweud mai'r cyfan yr oeddem yn llwyddo i'w wneud oedd codi gwrychyn y ffermwr lleol.) Edrychwch acw, uwchlaw: mae'r Cnicht a'r Moelwynion i'w gweld nawr, â'r haul ar eu harlais.

Mae'r afon yn dolennu i'r chwith ac o fy mlaen nawr, mae ynys fechan hyfryd, Ynys Gifftan, lle braf i lanio am baned a chacen bob amser. Mae yma gysgod rhag y gwynt, ni waeth o ba gyfeiriad y bydd hi'n chwythu, a golygfa werth chweil lle bynnag yr eisteddwch. Oddi yma, anelu i gyfeiriad goleudy Portmeirion, ymlaen heibio'r pentref lliwgar ar fy llaw dde, a bydd rhan olaf y siwrnai'n galw.

Wrth droi blaen y canŵ heibio'r goleudy, mae'r tir ar y chwith yn ymbellhau a does dim rhyngof a'r môr mawr ond twyni tywod hirion. Ar y dde, cilia llethrau coediog iraidd Trwyn Penrhyn fesul tipyn nes datgelu'r olygfa odidog i mewn i Barc Cenedlaethol Eryri lle gwelaf Foel Ddu, Moel Hebog, yr Wyddfa, y Cnicht a'r Moelwynion ar eu gorau.

Y cyfan sydd ar ôl bellach yw padlo i harbwr Port, yn ôl at brysurdeb bywyd unwaith yn rhagor. Ond, o leiaf fe fydd yr heddwch a brofais ar y daith yn dal i'm cynnal, tan y tro nesaf.

Sian Roberts

Afon Dwyryd a'r Moelwynion.

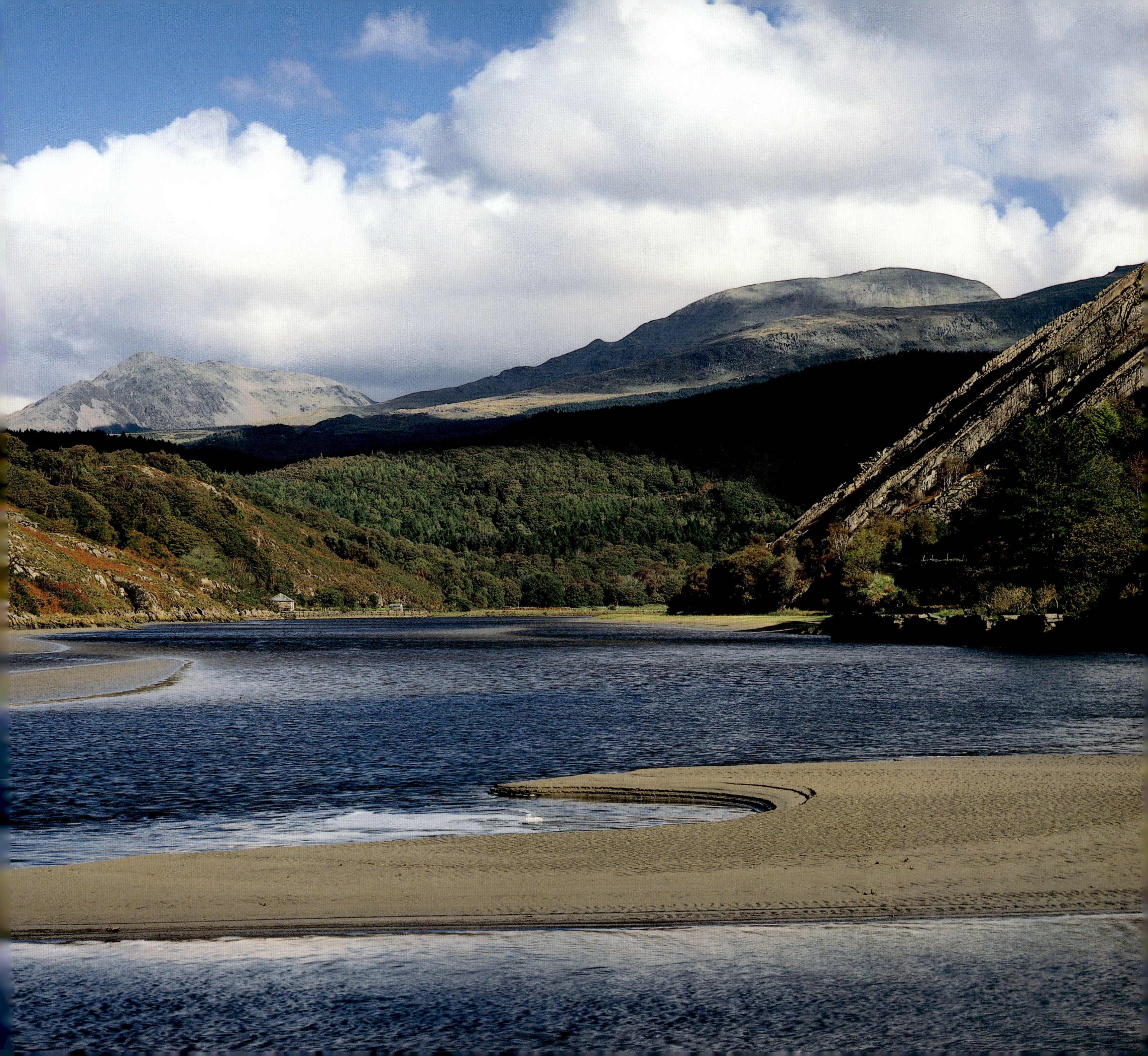

# Llyn Tegid

Pan ddywedodd T.H. Parry-Williams fod 'darnau ohonof ar wasgar hyd y lle', cyfeirio yr oedd at un lle – sef ardal ei eni 'yn Eryri draw'. Rwy'n teimlo'n ddigon tebyg fy hunan, dim ond fod y darnau ohonof ar wasgar mewn sawl lle: Brynaman wrth odre'r Mynydd Du, Aberhosan ger Machynlleth, ardal Cwm Tydu a Llangrannog, a'r ardal rhwng Eryri a'r môr lle treuliais y rhan fwyaf o'r deng mlynedd ar hugain diwethaf.

Ond mae un ardal arall na allaf ddianc rhagddi, sef bro Penllyn lle treuliais flynyddoedd fy arddegau. Yn Llanuwchllyn yr oedd y cartre, ac yn y Bala roedd Ysgol Tŷ Tan Domen, a rhwng y ddau le yr oedd llyn naturiol mwyaf Cymru, Llyn Tegid. A phob bore, fy mraint oedd cael cerdded i hen orsaf fechan Llanuwchllyn, a dal y trên-un-goets i'r ysgol.

Roedd y daith honno yn un o deithiau ysgol mwyaf gogoneddus y byd. Teithiai'r trên bach gydag ymyl Llyn Tegid, bron yr holl ffordd o'r Llan drwy Langywer i Gyffordd y Bala. Bob bore a phnawn, roedd gwedd y llyn yn wahanol. Weithiau roedd y tonnau'n cael eu chwipio gan y gwynt, dro arall roedd y llyn yn las dwfn, yn adlewyrchu'r awyr heulog. Ambell ddiwrnod roedd wyneb y llyn fel gwydr, a phob coeden a bryncyn i'w gweld yn glir ynddo, gydag ambell hwyaden wyllt yn unig yn creu llinellau perffaith ar 'len y dŵr'.

Ac i ychwanegu at yr hud oedd yr holl gysylltiadau â'r fro. Nid nepell o'r orsaf yr oedd Coed-y-pry, cartre maboed Syr O.M. Edwards, a'r ochr draw i'r llyn yr oedd Gwersyll Glan-llyn. Roedd yr holl ardal wedi cael ei chyflwyno imi cyn hyn yng ngeiriau hiraethus Llew Tegid 'Ffarwel i Blwy Llangywer' – 'llethrau'r hen Gefn Gwyn', 'y Llan a'i dwrw', 'llwybrau min y llyn', a'r 'Bala dirion deg'. Fedrech chi ddim gweld bai ar laslanc diniwed am golli'i ben yn lân yn y fath le!

Ac nid chwedl a chân oedd y cyfan chwaith, oherwydd yn Ficerdy Llangywer – yr union dŷ lle disgwyliai'r trên weld y drws yn agor bob bore i ollwng Huw allan a'i wynt yn ei ddwrn – yr oedd yr enigma o fardd, Euros Bowen, yn byw ac yn barddoni. 'Tohŵ Wâ Bohŵ y Byd' yn wir. Yn nes ymlaen, rhwng y Gyffordd a'r Bala ei hun y gwelais o ffenestri'r trên bach y gwaith yn mynd rhagddo ar gwrs yr afon Tryweryn yn y Pumdegau i baratoi ar gyfer y boddi mawr yn y Chwedegau. A fuodd Cymru fyth yr un fath wedyn.

Dafydd Iwan

Gorsaf Llanuwchllyn.

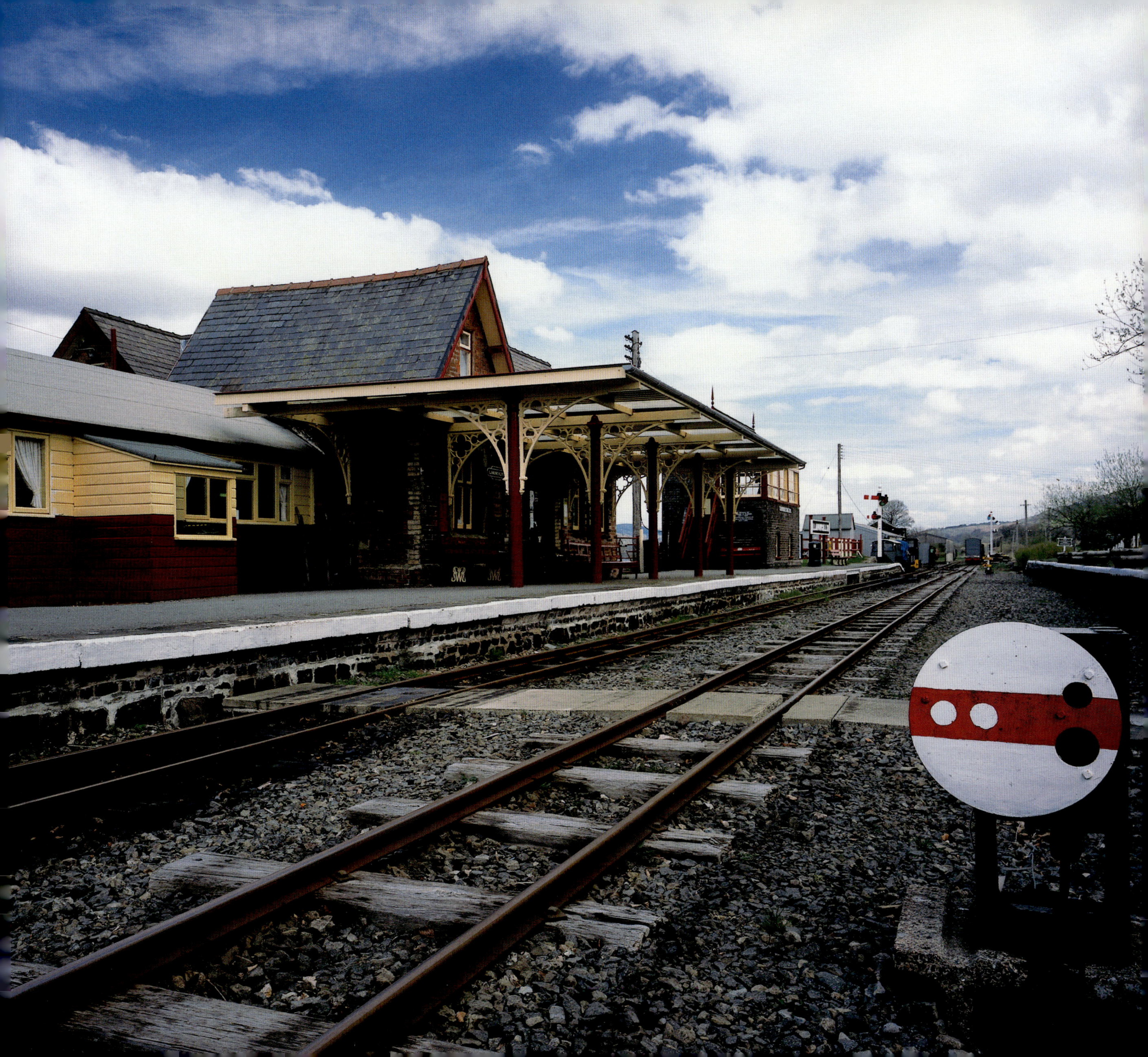

# Pedwar Adfail a Chronfa mewn Man ar draws y Mynydd

Mae gen i hoff daith fer yn Eryri – taith sydd bob amser yn f'atgoffa o'n dylanwad ar y dirwedd dros y canrifoedd. Dechrau a diwedd y daith yw un o'r meysydd parcio twt, pwrpasol hynny sydd gan Barc Cenedlaethol Eryri, ger Tomen-y-mur. Milltir yn unig yw'r daith o amgylch y safle hwn â'i ddeg erw ar hugain o adfeilion milwrol o gyfnod y Rhufeiniad yn y ganrif gyntaf – yn gaer â muriau terfyn diweddarach, amffitheatr, baddondy swyddog Rhufeinig a thomenni claddu. Ychwanegiad diweddarach yw'r mwnt neu'r castell canoloesol, a dyna o ble daw'r 'domen' yn yr enw. Wedyn daw'r ffermdy, wedi'i godi â cherrig a gafodd eu trin gan y Rhufeiniad: enghraifft gynnar o agreg eilaidd! Yna, dyna i chi'r adeiladau diwydiannol o'r ail ganrif ar bymtheg, y pynfarch at felin flawd Tyddyn Du, a llwybr tramiau'r bedwaredd ganrif ar bymtheg i chwarel Braich Ddu. Yma, a ledled Eryri, mae'r olion sy'n dyst i'n treftadaeth yn y chwareli llechi a'r mwyngloddiau. Mae'n debyg mai'r mwynau hynny a ddenodd y Rhufeiniad a'u llengoedd yma yn y lle cyntaf, i'r ucheldiroedd hyn a enwyd ganddynt yn Eryri. A beth am drigolion yr ardal a ddaethai ymhen amser yn Drawsfynydd, y man ar draws y mynydd? Wel, fe ddaliodd y bobl hynny i siarad ac yna ysgrifennu iaith Brydeinig a ddatblygodd maes o law yn Gymraeg!

Mae'r amffitheatr Rhufeinig fechan yn ddiddorol ynddi'i hun ond yr amffitheatr orau yw honno a ffurfir gan y mynyddoedd – Cader Idris tua'r de, y Rhinogydd tua'r gorllewin, y Moelwynion a'r Manod, â'u tomenni llechi enfawr tua'r gogledd ac Allt Fawr yn y cefndir. Yna'n ôl i gyfeiriad y de-ddwyrain, lle mae planhigfeydd coedwigaeth yn gorchuddio'r hen feysydd tanio a ddefnyddid gan y Fyddin Brydeinig yn ystod yr ugeinfed ganrif.

Ond ar ganol ein llwyfan rhoddwn gronfa wych Trawsfynydd. Ar lan y dŵr saif yr 'adfail' mwyaf trawiadol o holl adfeilion Eryri, sef adeiladau Gorsaf Bŵer Niwclear Trawsfynydd, i'w gweld yn glir bellach wedi i neuadd enfawr y tyrbinau a'r peiriannau anferthol gael eu cludo ymaith.

Codwyd y prif argae ar Lyn Trawsfynydd yn y 1920au i roi dŵr ar gyfer cynllun trydan dŵr cynharach ym Maentwrog. Dymchwelwyd pedwar ar hugain o dai a chapel, a thraeniwyd y Gors Goch, cors fendigedig yn llawn planhigion ac anifeiliaid i'w rhyfeddu. Cesglid y dŵr dros ardal eang, trwy gyfrwng ffrydiau a ffosydd yn ogystal ag Afon Prysor ei hun. Yna, yn y Chwedegau – a chofiaf hyn yn glir – gwagiwyd y llyn drachefn er mwyn codi'r orsaf niwclear, yr unig orsaf Magnox heb fod ar yr arfordir ym Mhrydain. Dyma pryd y ffurfiwyd yr ynysoedd bach a welir, er mwyn hwyluso cylchrediad y dŵr cynnes a ddaethai o'r gwaith.

Ar y gylchdaith fer hon, ni allwn ond synio mai'r cyfan yw effaith dynoliaeth ar y blaned hon a'i hecoleg yw cyfres o domenni, wedi'u llunio drwy chwys ein llafur o genhedlaeth i genhedlaeth. Nid oes yr un dirwedd a all osgoi hyn, oblegid cael ei chreu y mae pob tirwedd, hyd yn oed os nad oedd yn rhan o'r Cread ei hun, a hynny yma yn Eryri goruwch y cyfan.

Dafydd Elis Thomas

Olion diwydiant, Trawsfynydd.

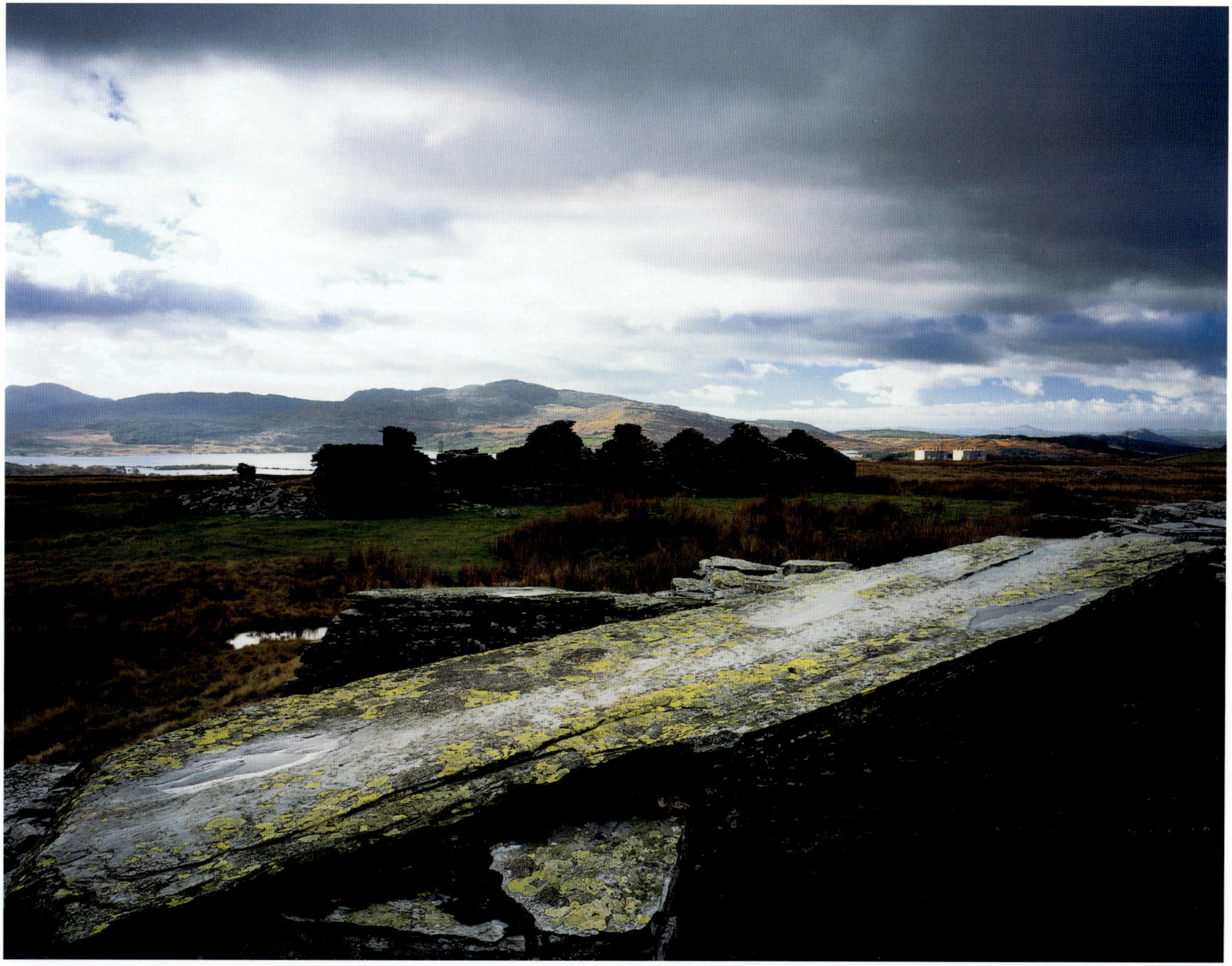

# Cwm Beudy Mawr

Dyma le arbennig iawn. Lle gwyllt mor agos at ddynoliaeth; llwybr uwchlaw, ffordd islaw a maes parcio prysur o fewn rhyw ganllath. Ond nid lle i ymlwybro drwyddo yw hwn. Dod yma i oedi y byddaf i.

Dan fy nhraed, dan wadnau fy esgidiau cerdded, mae'r gwyrdd a'r brown yn doreth o laswelltau, mwsoglau a llus. Yn gymysg â'r gwyrdd, ambell fflach o liw, melyn llachar tresgl y moch, glas golau llysiau'r llaeth a diferion coch chwys yr haul. Daliwch i syllu, a daw rhagor i'r golwg drwy'r amser...

O'm cwmpas, mae'r tir ei hun yn gymhleth dros ben, yn wrymiau a phantiau, yn greigiau a dŵr. Ar fap, mae'n lle prysur iawn, gyda digonedd o siapiau a llinellau i swyno unrhyw ddarllenydd mapiau. Daw hyfforddwyr ac aseswyr yn y maes yma'n llu.

Y tu ôl i mi, mae tir y dyffryn yn disgyn ac yna'n dringo at yr haul. Llethrau geirwon sydd iddo, yn rhedyn a chreigiau i gyd. Gwyrdd a llwyd fydd y pellafion gydol y flwyddyn bron, ac eithrio'r misoedd byrion pan ddaw'r grug i'w flodau a phaentio lluniau porffor yn y pellter.

Uwch y llethrau, y clogwyni duon. A'r rhain yw fy hoff leoedd. Nid creigiau llonydd mohonynt, ond llefydd yn llawn symudiad, bywyd a drama. O'r fan hyn, dim ond smotiau lliwgar yw'r dringwyr wrth odre'r clogwyni, neu ambell fflach o liw yn symud yn araf ar wyneb talsyth y graig. Mae pob un yn rhan o'i benbleth gorfforol ei hun, yn boddi mewn lle, ar goll mewn amser. Yna'n sydyn, mae'r llun yn newid. Mae rhywun wedi cyrraedd y brig, yn fonllefau i gyd, yn chwifio breichiau at y byd. Rwy'n rhy bell i glywed y floedd ond yn ddigon agos i adnabod yr emosiwn.

Uwch fy mhen, mae llechweddau eraill yn codi'n serth at gefnennau a chopaon. Dyma le i ddod o hyd i gwmnïaeth a golygfa wahanol. Mae gen i olygfa heddiw, ond dim ond y gwynt yn gwmpeini. Treigla amser. Sleifia'r haul i'w wely heibio'r Bwlch a thynnu carthen lwyd dros wely'r dyffryn. Goleuni a lliw yw'r unig orwel: y ffin rhyngof a'r awyr a'r môr.

Rwy'n dod yma'n aml: weithiau i weithio; weithiau hefyd i fwynhau. Yma, rwy'n hapus dim ond yn bod.

Louise Thomas

Diwrnod stormus, Nant Peris.

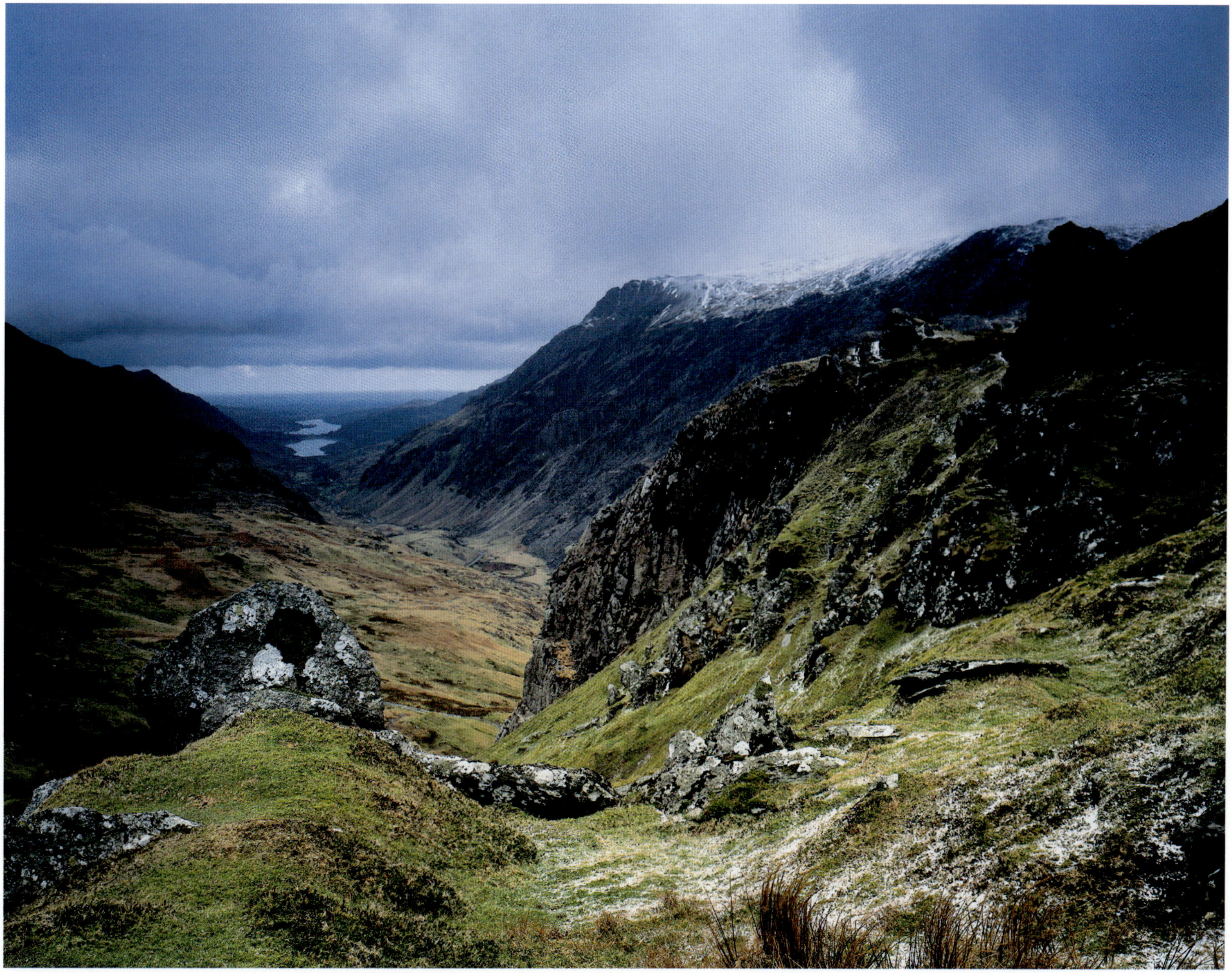

# Y Bryniau Melynion

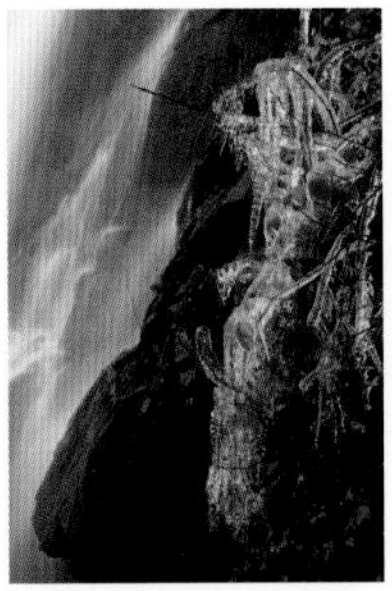

Codwn ac awn i geisio'r Bryniau Melynion,
A'u cyrchu drwy'r fawnog hyd lwybr cynefin i'n traed.
Dyrchafwn ein llygaid rhag dinistr balchder dynion,
Rhag tân olynydd metalaidd y bicell waed.
Syllwn ar lun y copaon yn y merddwr llonydd
Wrth fwrw trem ein myfyr dros gerddediad ein byw brith.
Mor fach y teimlwn yng nghysgod hynafol y bronnydd,
Yn ehangder y gweundir drwy'r tes yn crynu fel rhith.
Oedwn i wylio'r brithyll yn llithro dan dorlannau,
A'r pelydrau'n pefrio dawns ar y crawcwellt sych,
Cyn dringo'n sicr i greigiau clir yr uchelfannau
Yn dyrau dyrchafol uwchlaw'r dyfroedd di-grych.
Cyrraedd, a theimlo'r awelon sy'n cylchu'r cread,
Aros i'w hanadl buro a bywhau ein gwead.

Mae'r Bryniau Melynion gyferbyn â'r Ysgolion Duon ym mhen uchaf Cwm Pen Llafar rhwng Carnedd Llywelyn a Charnedd Dafydd. Mae llwybr yn dilyn afon Llafar a Nant y Gilfach Felen heibio'r Bryniau Melynion a thrwy Fwlch y Clawdd Llwyd i ben Carnedd Llywelyn.

Pan oeddem ni'n blant roedd gweddillion awyren ryfel ar wasgar hyd y llechwedd, gyda'r darnau ar lannau ac ym mhyllau Nant y Gilfach Felen. Byddem yn eu cario a'u llusgo i lawr y llethrau.

Mae'r gerdd yn ein hannog i godi ein golygon o gors patrymau rheolaidd ein bywydau, o'r 'fawnog' yr ydym mor gynefin â hi, ac i geisio'r hyn sy'n ein dyrchafu. Mae'r awyren ryfel yn symbol o'n methiant i ddatrys anghydfod heb ymostwng i ryfela, ac mae yn olyniaeth y 'bicell waed' a'r waywffon gyntefig.

Er mwyn osgoi trais a rhyfel, mae gofyn inni ddilyn llwybr sy'n arwain at yr ysbryd sy'n dyrchafu'r enaid, llwybr sy'n ein codi o wastadedd cyffredinedd i gopaon ystyr a gwerthoedd ysbrydol. Mae'r gwyntoedd sydd wedi cylchu'r blaned erioed yn symbol o'r ysbryd.

Ieuan Wyn

**Yr Elen ac Afon Llafar.**

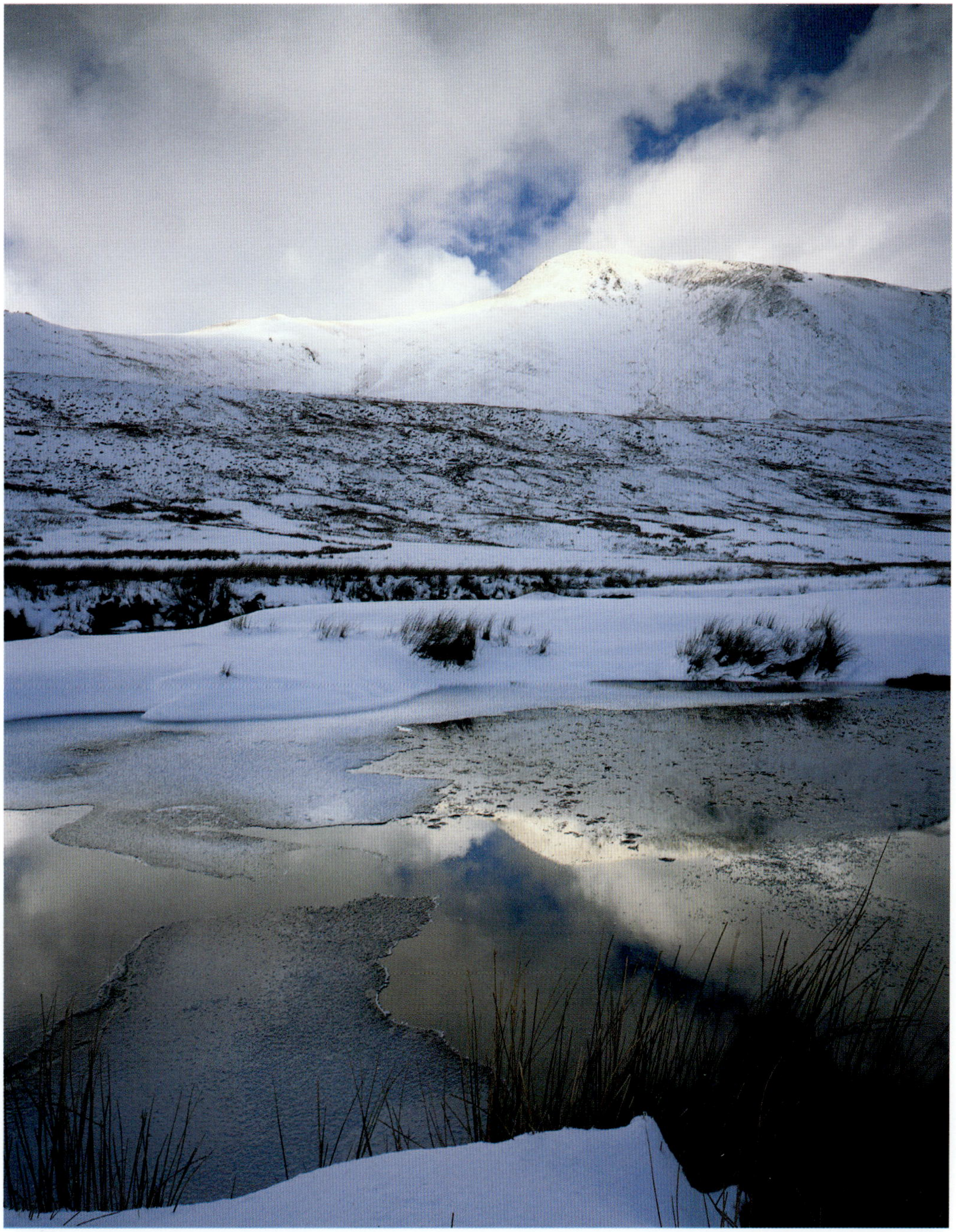

# Lili'r Wyddfa yn Eryri

Mae'n union fel cwrdd â hen ffrind. Fwy nag unwaith, fe'm cefais fy hun yn gwenu fel giât, yn dweud helo, bron yn disgwyl ysgwyd llaw. Ond nid cyfarfyddiad damweiniol mo hwn. Mae'n golygu taith hir ar i fyny gyda sach drom, sgrialu wedyn i osod y rhaffau wedi gwisgo digon o ddillad i gadw'n gynnes am y tair awr a mwy y byddaf yn sownd wrth raff ar y clogwyn oer â'i wyneb tua'r gogledd. Wrth gwrs rhaid peidio ag anghofio clymu'r offer i wneud yr arolwg yn ddiogel hefyd, rhag iddo blymio i'r gwaelodion at droed y graig a minnau ger y brig. Bydd fy meddwl yn llawn dop o'r rhagofalon hyn, ac wrth i mi fy nghlymu fy hun wrth y rhaff a dechrau llithro'n araf at y safle cyntaf, dim ond bryd hynny y daw cyfle i f'atgoffa fy hun o'r rheswm yr wyf fi yma o gwbl, a pham yr af drwy'r fath rigmarôl flwyddyn ar ôl blwyddyn er mwyn cyfarch hen ffrind. Gwyddonydd ydw i, yn monitro planhigion, ond mae'n fwy na hynny hefyd.

Efallai bod 'hen ffrind' braidd yn gamarweiniol wrth ddisgrifio'r planhigyn eiddil hwn a oroesodd yma ar glogwyni Eryri, ond yn unlle arall ym Mhrydain, am y 10,000 o flynyddoedd a aeth heibio. Hawdd dychmygu chwa o wynt yn torri'r coesyn main, eto mae hi'n byw yn rhai o gorneli oeraf, serthaf Eryri, yn yr agennau lleiaf, ar weddillion ei dail ei hun, yn tynnu ei maeth prin o'r graig a'r glaw.

Profiad go wahanol yw cynnal arolwg o'i chefndryd yn America ac ar fynyddoedd yn Ewrop. Yno, mae'n tyfu'n doreithiog ar dwndra braf yr alpau ymhlith myrdd o rywogaethau lliwgar eraill. Rhaid iddi ymdopi â haul poeth yr haf ac eira neu wyntoedd sychion, geirwon y gaeaf, felly dim rhyfedd ei bod yn gymeriad a hanner.

Mae'r lili yn gwybod sut mae goroesi, ac mae'n eithaf posib iddi fyw yma yng Nghymru ar ambell 'ynys' greigiog gydol y cyfnodau rhew diwethaf. Gallai'r gwytnwch hwn fod yn hanfodol i'r *Lloydia* yng Nghymru dros y ganrif neu ddwy nesaf. Fe'i casglwyd ar gyfer ein herbaria yn y gorffennol; cyfyngwyd arni gan arferion pori dwys y presennol a thrwy achosi newid hinsawdd, mae'n bosib ein bod yn newid ei hamgylchedd i'r dyfodol. A fydd parhad i'r lili ar glogwyni Eryri? Bydd, gobeithio, ond fe fydd arni angen ein cymorth. Cymorth i'w galluogi i ymledu o'i chynefin cyfyng heddiw, i luosogi a gwella'r siawns y bydd yn goroesi, ni waeth ba heriau newydd a deflir ati yn y dyfodol. Hen ffrindiau: peidiwch byth â'u cymryd yn ganiataol.

Barbara Jones

Lili'r Wyddfa (*Lloydia Serotina*).

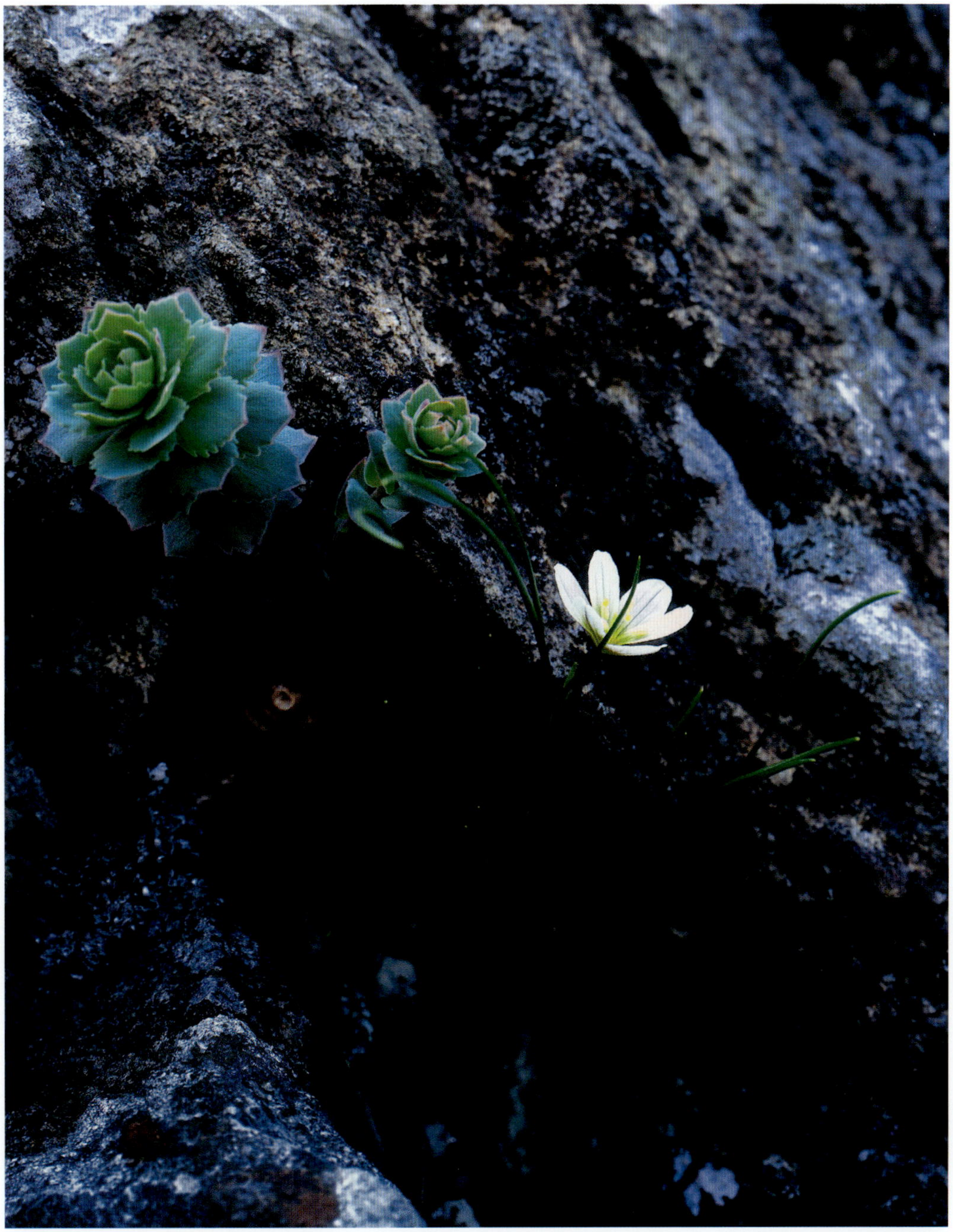

# Y Glyderau

Yn 1947 y gwelais i'r Glyderau gyntaf. Roedd fy mam a 'nhad, Chris a Jo Briggs, a minnau ar ein ffordd o Fanceinion i ddechrau bywyd newydd yng ngwesty Pen-y-Gwryd yng nghysgod Glyder Fach. Pedair oed oeddwn i – erioed wedi gweld mynydd o'r blaen. Roedd hi'n ddiwrnod bendigedig ac wrth i ni droi'r gornel yng Nghapel Curig ryw'n cofio'r olygfa yn fy nharo a minnau'n rhyfeddu. Rwy'n dal i garu'r lle hyd heddiw.

Yn y dyddiau cynnar hynny, roedd fy nhad yn brysur iawn gyda gwaith achub mynydd. Byddai'n prysuro i'r gwesty, hyd yn oed amser swper, i chwilio am wirfoddolwyr i fentro allan i'r mynydd! Pan fu farw, daeth anrhydedd mawr i'n rhan pan gawsom hofrennydd o Ganolfan Llu Awyr y Fali i'n cario i ben y Glyderau i chwalu ei lwch yno, yng ngolwg Pen-y-Gwryd.

Roedd ein cymdogion, Esme a Peter Kirby, yn arfer ffermio yn Nyffryn Mymbyr a hwy oedd perchnogion y Glyderau. Ers eu marwolaeth, aeth y fferm yn rhodd i'r Ymddiriedolaeth Genedlaethol. Aml i dro buom yno yn eu helpu i gasglu'r defaid. Esme oedd arwres *I Bought a Mountain* – llyfr am ein dyffryn a gafodd ei gyfieithu i nifer o wahanol ieithoedd.

Bellach, rwy'n byw ym Mhen-y-Gwryd ers 57 o flynyddoedd, a thros y cyfnod hwnnw deuthum i adnabod y mynydd ym mhob hin – mynydd y gwanwyn, yn prancio gan ŵyn bach; mynydd yr haf, dan gaenen borffor y grug; ac yn y gaeaf, yn fynydd gwyn, anial, dan rew ac eira. Ar ei gopa gwastad mae creigiau anhygoel, ni welais eu tebyg ar unrhyw fynydd arall. Mae rhai'n debyg iawn i gestyll – Castell-y-Gwynt yw enw un – ac mae un arall yn garreg gantilifrog anferth sy'n pwyso allan ymhell, a bydd pobl yn eistedd ar ei phen pellaf i gael tynnu'u llun.

Mae llyn ym mhowlen y mynydd, Llyn Cwmffynnon. Wrth i Nant Gwryd ymlwybro i lawr y dyffryn o'r llyn, mae'n ffurfio pwll yn y graig mor glir â grisial. Buom yn nofio yno ers cyn cof, mewn dŵr sydd fel sidanwe. O'r Glyderau y daw ein cyflenwad dŵr yfed hefyd. Mae'n ddŵr meddal i'w ryfeddu – mae nhw'n dweud wrthyf fod ambell un yn dod â'u siwmperi cashmîr o Lundain i'w golchi yma yn nŵr Penygwryd!

O fy ngwely, nos a bore, edrychaf drwy'r ffenest a gwelaf gyfoeth cyfnewidiol y Glyderau i gyd. Heddiw maent dan eira, cyn wynned a chyn wyched ag unrhyw un o fynyddoedd yr Alpau neu'r Himalaya. Ni fyddaf yn blino arnynt byth.

Jane Pullee

Afon Gwryd a'r Glyderau.

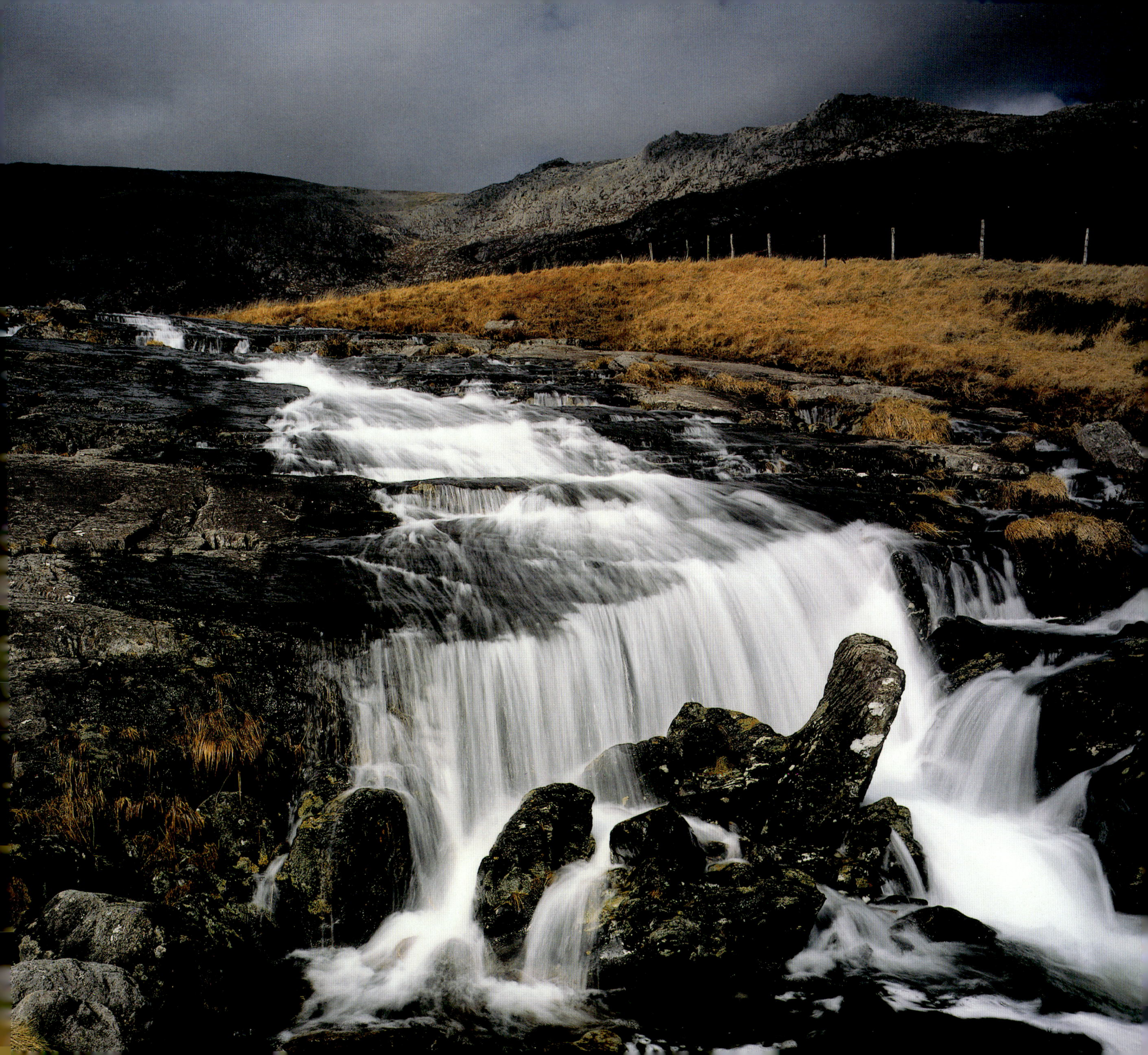

# Y Moelwynion a'r Rhosydd

Pan oeddwn yn blentyn, roedd fy hoff athro yn dipyn o naturiaethwr. Un diwrnod dangosodd i ni sleidiau o aderyn rhyfeddol a nythai yn nhwneli'r hen chwareli. Roedd ganddo big fflamgoch, ar fymryn o dro, coesau coch a llygaid disglair. Yn uchel uwch Moel yr Hydd, byddai'n troi a throsi, yn chwarae ar adain y gwynt a'i gri'n atseinio ar yr awel.

Eisteddais yno'n goesgroes, wedi ymgolli yn hanes yr aderyn, a dyna pryd y dechreuais sylweddoli am y tro cyntaf fod byd arall y tu hwnt i mi. Roeddwn innau eisiau troedio'r un llwybrau â'r aderyn rhyfeddol hwn, eisiau profi'r rhyddid a gawsai uwch y llechweddau brithion a welwn o'm cwmpas bob dydd.

Rai blynyddoedd yn ddiweddarach, safwn ar ganol Bwlch Rhosydd. Yno fy hun, yn araf bach, dechreuais droi mewn cylch. Yn gyntaf, gwelwn lethrau serth Allt y Ceffylau yn plymio rywle i ddyfroedd dieithr Llyn Cwmorthin. Tua'r gogledd, tir tonnog a'r bryniau bron yn barddoni – Conglog, Corsiog, Clogwyn Brith, Boethwel a Dafydd y Foel. Dal i droi'n araf wedyn, a dyna'r Cnicht. Bron na allwn ei gyffwrdd. Y tu hwnt iddo, Cwm Croesor â'i dderi a'i ddyffrynnoedd. Sgubodd fy llygaid ar i waered o ben pigog y Cnicht ac i fyny eto at gromen braf Moelwyn Mawr. Copaon dieithr oedd y rhain i mi, rhy bell, tu hwnt i'm cyrraedd. Sanctaidd, hyd yn oed. Troi eto, ac o fy mlaen adfeilion tai'r chwarelwyr, atgofion lond eu drysau a'u ffenestri o hyd. Ymlaen wedyn at Gwm Orthin. Roedd hi fel y bedd yno. Tawelwch unigryw; man i gysegru'r gorffennol, lle i heddiw gael hafan.

Eisteddais ar lechen yn gynnes yn yr heulwen a chwilio'r map. Beth oedd ystyr hon, y llinell felen? Daethai i'r de o gyffiniau Corsiog, martsio'n ôl drwy Fwlch Rhosydd, rhoi croeso mawr i Foel yr Hydd, pen i lawr wedyn wrth anelu i'r dwyrain i gyfeiriad Manod, tua'r gogledd at chwareli Penmachno ac yna'n ôl i'r gorllewin dros y Crimea i'r Druman. Cylch sydd yma; cylch y cadwedig a'r gwrthodedig, y tir sy'n haeddu cael ei ystyried yn rhan o'r Parc Cenedlaethol neu beidio. Edrychais eto i lawr i Gwm Orthin a throi i syllu ar y Cnicht. Pensynnais uwch y datganiad hwn o arwahanrwydd a gwahaniaeth. Undod yn unig a deimlwn i yma, ymdeimlad o berthyn, i dir sy'n hen ddigon gwyllt a mawreddog i ysgwyddo creithiau chwarelyddol ei orffennol.

Flynyddoedd lawer wedi hynny, safwn eto yn yr un man. Bellach daethai'n faes y gad a rhwygwyd y gymuned yn ddwy. Oherwydd y llinell felen, datblygodd dwy garfan: y rhai a oedd am ailagor Cwm Orthin a'r Rhosydd yn chwareli unwaith yn rhagor, yr holl ffordd at gopa ucha'r Moelwyn; a'r lleill, a gredai y byddai hynny'n bradychu delfryd sylfaenol a throi cefn ar dirwedd.

Mae'r creithiau'n dal dan groen ein cymuned. Mae'r llinell felen yno ar y map. A'r frân goesgoch, yr aderyn rhyfeddol hwnnw? Mae honno'n dal i droelli yn yr entrychion, uwch y Moelwynion.

Ronwen Roberts



Ar y llinell felen, y Moelwynion.

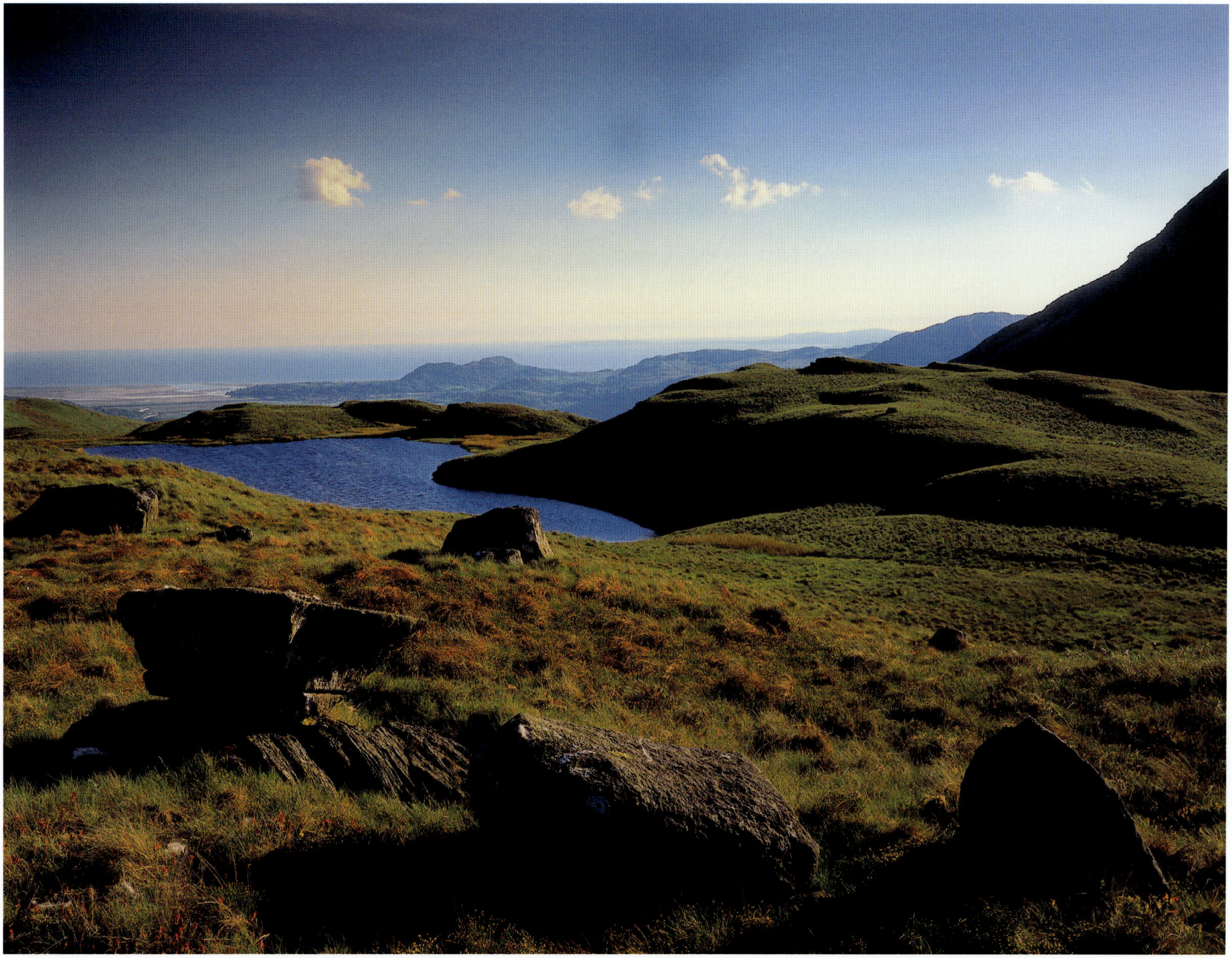

# Llyn Elsi

Aml i noswaith a phrynhawn Sul, fe fyddaf fi, y teulu, a'r ddau labrador, Celyn a Bear, yn crwydro i fyny o'n tŷ ni at y gofeb wrth Lyn Elsi uwchlaw Betws-y-coed. Dyma'r ardd gefn i ni.

Mae'r plant wrth eu boddau'n mynd am dro. Bydd Cai, sydd bellach yn chwech oed, yn rhuthro o'n blaenau – mae'n adnabod y llwybrau i gyd – a bydd yn gweiddi arnaf os daw o hyd i rywbeth diddorol, fel llyffant, olion mochyn daear, neu fefus gwyllt. Loetran y bydd Finn, ei frawd bach, fel arfer, yn chwarae yn y pyllau dŵr neu'n taflu ffyn i'r cŵn. Wrth y gofeb, bydd darn o siocled i bawb.

O'r fan hyn, fe allwch chi weld y rhan fwyaf o Goedwig Gwydyr – o Grafnant yn y gogledd, at Fryn Engan ar ystlys Moel Siabod, yna llechweddau Drosgol a'r Ro-wen uwchben Penmachno yn y de. Mae'r plant yn hoffi dringo i ben y gofeb ac yn gyffro i gyd o weld Crimpiau, y mynydd cyntaf iddyn nhw ei ddringo, wrth ben Llyn Crafnant. Yna rhaid rhestru'r mynyddoedd eraill uwch y byddant yn eu dringo ill dau ryw ddydd.

Edrychaf ar y goedwig, 'fy nghoedwig', ac ni allaf gredu mor ffodus wyf fi o gael byw a gweithio yma. Yr unig gwmwl uwch y coed yw'r ffaith na chafodd fy nhad weld ein cartref. Yn ei gwmni ef y crwydrais y coedwigoedd yn blentyn, min yr hwyr, a thrwyddo ef y deuthum innau i garu'r coed a dewis bod yn goedwigwr.

Kim Burnham

**Goleuni'r hydref yng Ngwydyr, Moel Siabod yn y cefndir.**

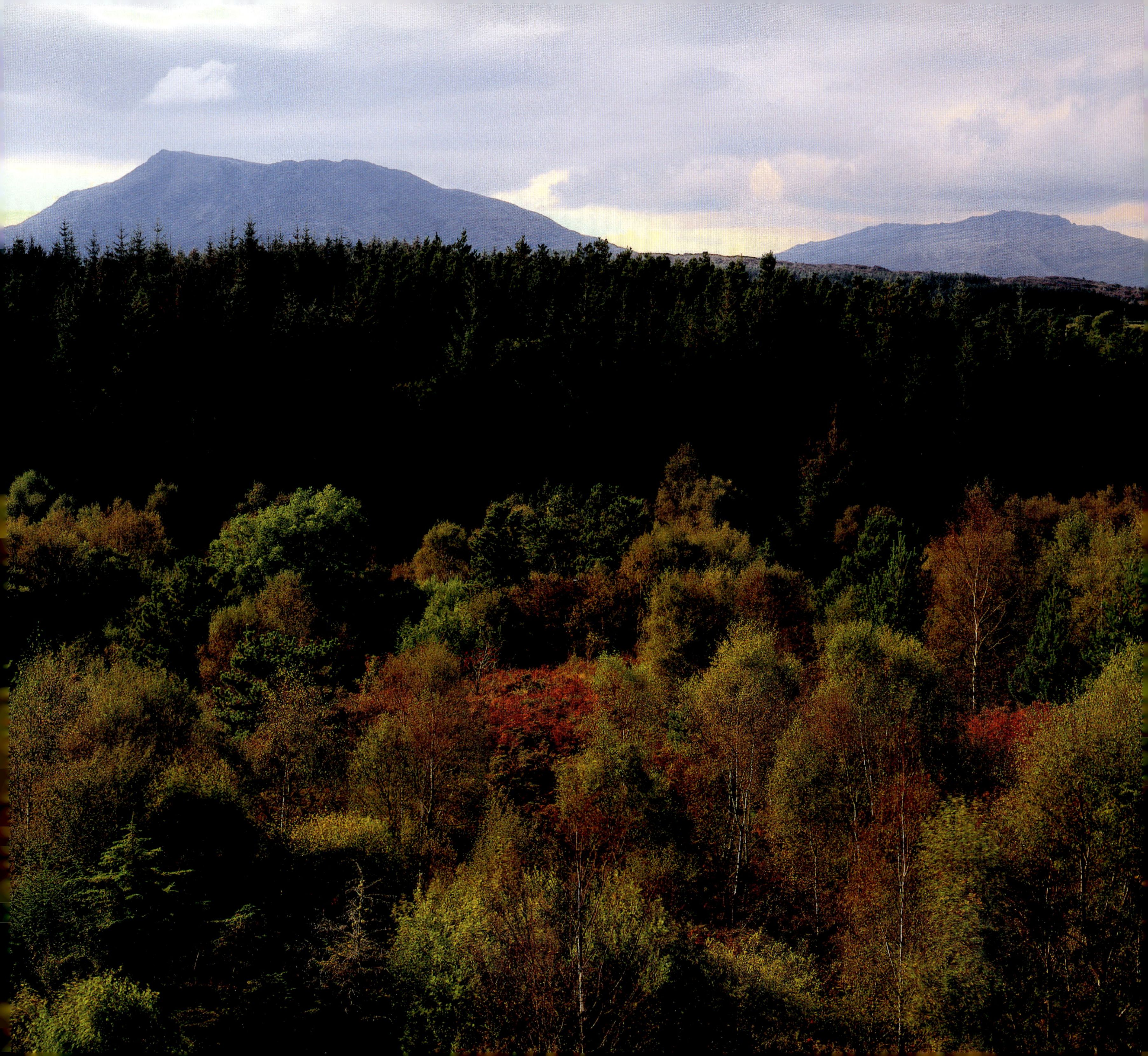

# Yng Nghysgod y Bryncyn

Mae hi'n dywyll. Rwyf yma, yng nghanol y defaid aflonydd. Weithiau, bydd un yn brefu ar ei hoen; yna, ac eithrio cwyn y gwynt, daw gosteg a bydd popeth yn dawel am sbel.

O'm blaen, gallaf adnabod siâp pen gogleddol y Rhinogydd – Moel Penolau, Moel Ysgyfarnogod a Bryn Cader Faner.

I'r dwyrain, mae amlinell gyfarwydd y Moelwynion a'r Cnicht. Yn uchel ar y bryniau, gwelaf wincian goleuadau'r ffermydd a'r tai yng nghyffiniau Croesor. Rhwng Moelwyn Bach a Moelwyn Mawr, mae gwawl oren lampau'r strydoedd ym Mlaenau Ffestiniog, naw milltir oddi yma fel yr hed y frân.

I'r gogledd, mae'r Wyddfa. Ar noson glir o haf, gallwn weld yr orsaf yn seren ar y copa.

I'r gorllewin, y tu hwnt i'r hen glogwyni môr sy'n gryman yn Nhremadog, mae Porthmadog a'r môr mawr. Ambell noson cyn daw tywydd garw, gallaf eistedd yma a chlywed synau o bellafion byd yn cario ar y gwynt. Bydd golau car neu ddau yn pasio heibio, gan fflachio'u rhybudd hyd y bryniau coediog. Y tu ôl i mi, mae'r llethr yn gymysgedd tyn o'r dderwen ddigoes a choed ynn, yn llain ddi-dor o'r Warchodfa Natur Genedlaethol yn Nhremadog at Fwlch Aberglaslyn.

Mae pedair cenhedlaeth o'n teulu ni wedi ffermio'r tiroedd hyn. Y tu hwnt i'r bryncyn acw, mae'r fferm ac yng nghysgod yr hen, hen adeiladau cerrig, dyna lle rwy'n byw.

Kathryn Davies

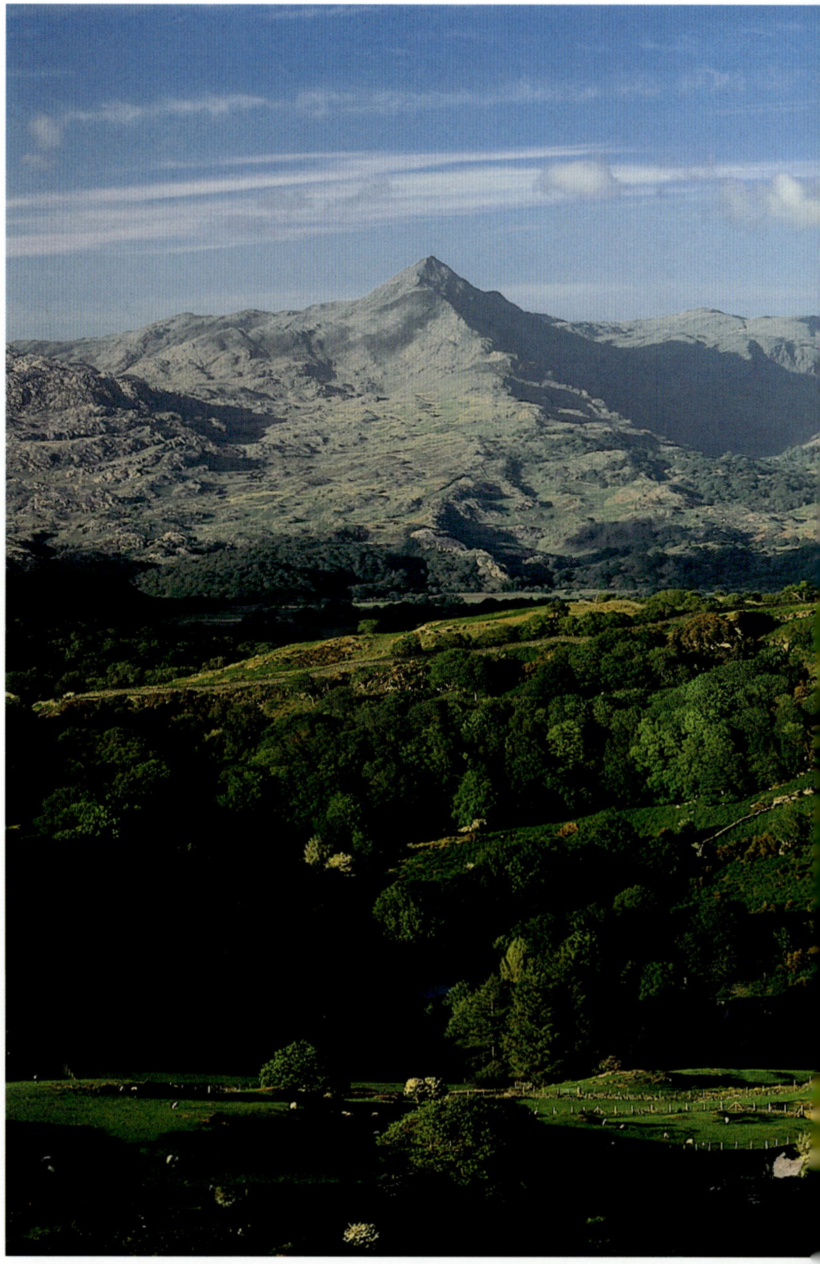

Fron Oleu, y Moelwynion yn y cefndir.

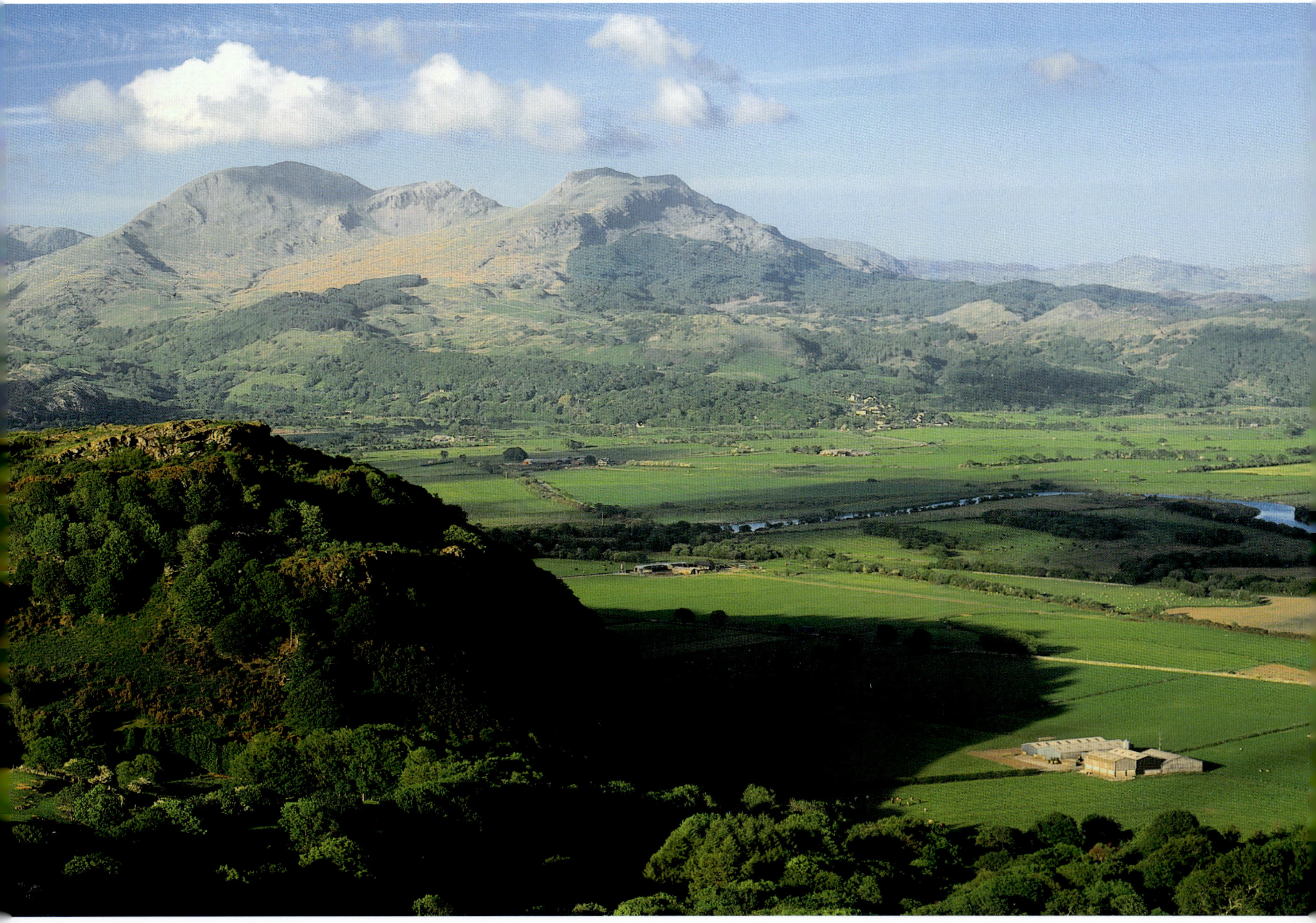

# DYFFRYN DYSYNNI

Mae pob un ohonom yn byw mewn tirwedd o ryw fath, er mor amrywiol eu hansawdd; ond amrywio hefyd y bydd ein hargraffiadau personol o'r hyn sy'n ein hamgylchynu – tiroedd ein meddyliau.

Fy hoff le i yw'r man lle rwy'n byw, yng ngwaelod Dyffryn Dysynni, un o'r pyrth i'r Parc Cenedlaethol. O'n tir ni ger yr afon, ar lawr y dyffryn eang, gwelaf Gader Idris bell o'm blaen. I'r dde hollta'r dyffryn a diflanna'r bryniau crwm i'r pellter, tua llymder Bwlch Tal-y-llyn. Bob ochr i mi, caeau a ffriddoedd cenedlaethau o ffermwyr; a thu cefn, corstir gwastad, awyr a môr.

Mae'n wirioneddol drawiadol. Ond mae yma fwy na gwledd i'r llygaid yn unig: mae'r fan hyn yn cyffwrdd â thiroedd fy meddwl hefyd.

Mae ei ehangder yn fy nghyffwrdd. Mae ei hanner yn wag, yn gynfas heb ei gyffwrdd, yn fôr ac awyr las sy'n aros i syniad newydd daro heibio, fel cwmwl yn ymgasglu. Ac yn y pellter, Enlli lân ar glorian y gorwel, yn gryndod rhwng gweld a dychymyg.

Y newid sy'n cyffwrdd â rhan arall ohonof. Nid tirwedd lonydd, ddisymud mohoni. Gydag amser, daeth môr a llanw, tywod a llaid i newid moryd enfawr yn ddyffryn ffrwythlon, a'r broses naturiol hon yn gymysg oll i gyd â chwys, clyfrwch a dyfeisgarwch nes ffurfio tir ffermio cynhyrchiol, gwerth ei weld. Mae'r waliau cerrig, y cloddiau, y caeau a'r corlannau yn olrhain canrifoedd o amaethu yma. Eto, er hyn i gyd, ni sylwodd yr adar bilidowcar sy'n hedfan uwch fy mhen bob dydd. Fore a nos teithiant yn ôl a blaen rhwng Craig yr Aderyn a'r môr i bysgota: ers talwm byddai eu cartref yn rhyferthwy'r tonnau. Ymhellach wedyn, dacw Gastell y Bere yn ei safle strategol ym mhen draw'r dyffryn a'i draed wedi hen arfer â thir sych.

Grym yw'r peth arall sy'n fy nghyffwrdd: grym mor gryf fel na allaf ei amgyffred. Crëwyd y dirwedd anhygoel hon gan ffawt, sef hollt daearegol enfawr y Bala, a greodd Lyn Tal-y-llyn a Llyn Tegid, a hefyd weithgarwch y llosgfynydd a ffurfiodd Gader Idris a Rhobell Fawr y tu hwnt i'r tro. Yna, yn gymharol ddiweddar yn nhermau amser daearegol, daeth yr iâ i hollti, llyfnu ac erydu'r bryniau llonydd sydd o'm cwmpas ar bob tu.

Dyma fy hoff le: ei dawelwch a'i apêl yn tarddu o rym a dinistr; ei gynhaliaeth yn nwylo adferiad a dadfeiliad. Lle sy'n fythol fyw yn nhiroedd fy meddwl. Ac, am ennyd fer yn ei esblygiad, lle sy'n gartref i mi.

ANNE LLOYD-JONES

Ffawtlin, Dyffryn Dysynni.

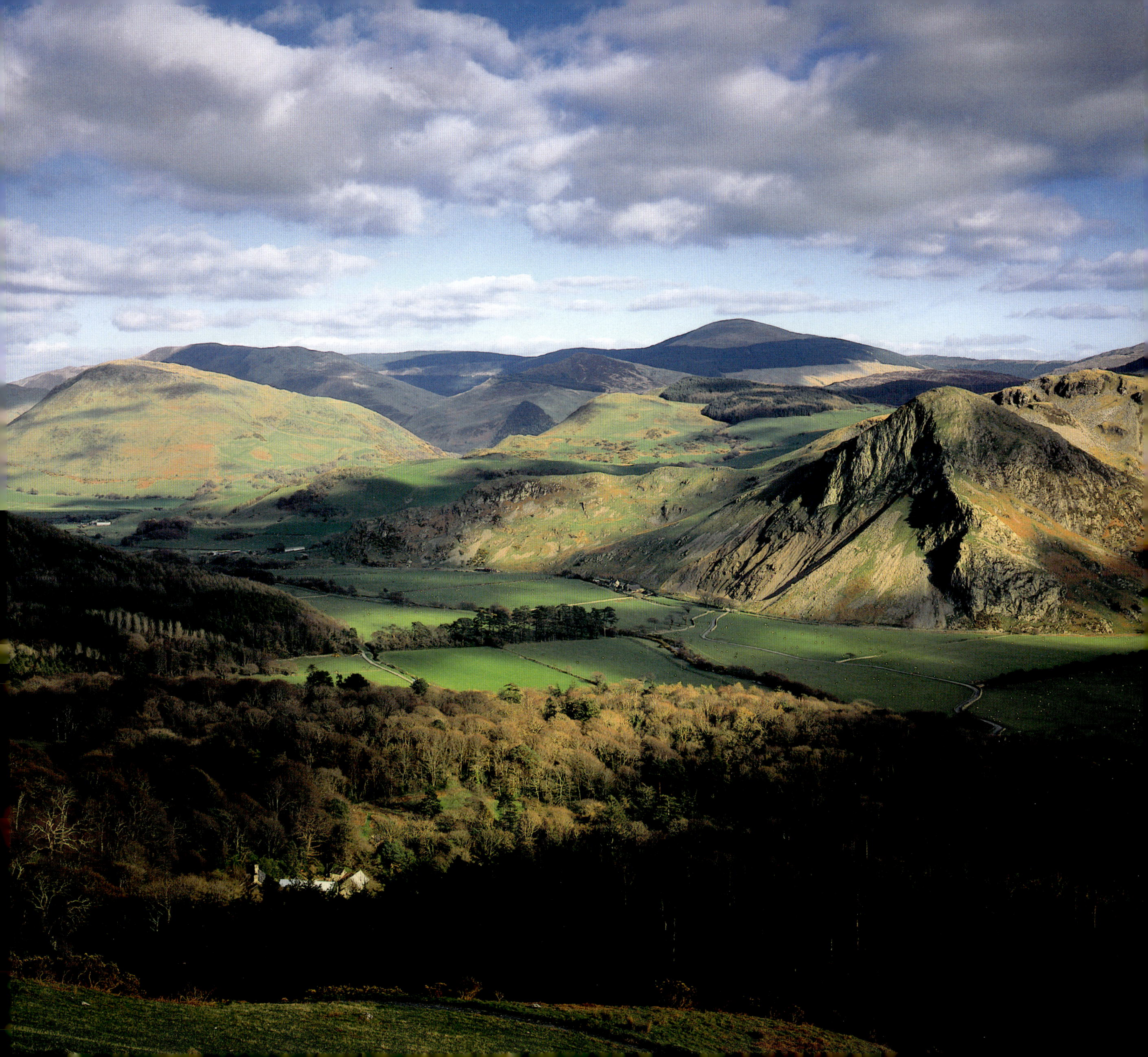

# O Ben y Cnicht

Y mae'r môr i'w weld o ben y Cnicht; nid fy mod yn fôr-garwr o gwbl – i'r gwrthwyneb. Rwyf ond eisiau sicrhau fy hunan ei fod o'n dal allan 'na, a bod yr arfordir, o Ddyffryn Ardudwy i Benrhyn Llŷn, fy mhur hoff fae, yn fur i'r môr. Ond mae'r môr yn ddrws hefyd, yn agoriad i'r byd ac yn hanfodol i'm bywyd.

Rhwng y Cnicht a Bae Tremadog gorwedda'r Traeth Mawr – y gwlypdir enillodd W.A. Maddocks o'r môr yn 1812. O edrych tua'r tir mawr o'r Cob, mur Maddocks, y mae'r Cnicht, heb amheuaeth, yn sefyll allan. Yn ôl nifer o wybodusion daw'r enw o '*knight*' am ei fod yn dorsyth fel helmed marchog. Onid ffug-barchusrwydd Fictorianiadd yw hynny? Gwell gennyf edrych arno fel rhywbeth sydd yn nodweddiadol Geltaidd, yn tan-nenwthio'n feiddgar o ddryswch y tyfiant a'r tiroedd fforchiog wrth ei fôn.

Ceir tystiolaeth lu o'i greadigaeth dreisgar. Ar y dde, yn gorwedd yn lled-fygythiol mae'r Arddu, yn frith o gerrig folcanig cymysglyd eu cynnwys wedi eu chwythu allan o grombil y ddaear. Yn y broses honno crëwyd y garreg mor berthnasol i'r fro sef y llechen, 'y wythïen las' a lifodd allan o glai'r môr wedi i hwnnw gael ei wasgu a'i losgi a'i bobi unwaith, ddwywaith a sawl gwaith drosodd. O ardal y Cnicht, o chwareli megis Croesor, Rhosydd, Cwm Orthin, ac ar draws y môr o Borthmadog – y drws a agorwyd gan Maddocks – y cludwyd y gorchudd glas diddos, i gysgodi tai dros y byd i gyd.

Wedyn, ceir y cymoedd – coridorau rhew yn wreiddiol yn agor drysau i'r môr – a does 'run yn fwy clasurol na Chwm Croesor. Yn fwy diweddar yn hanes y byd, daethant yn llinellau cyswllt i ddynoliaeth, yn drac, yn dramffordd, yn inclein, yn ffordd, yn llwybr yn y Parc Cenedlaethol.

Cymaint o brysurdeb sydd i'w weld gan lygad y dychymyg o gopa'r Cnicht. Ac eto, pa mor llonydd yw pob peth. Yn y tawelwch mawr y mae'r llynnoedd yn pefrio a dwy wylan benddu yn ei morio hi ar awelon y mynydd a'u cefnau'n sgleinio yn yr haul. Distaw ydynt, mor wahanol i'w clochdar pan fyddant yn heidio at ei gilydd, nid yn annhebyg i bobl, decini. Diolch byth, am grawc y cigfrain, gwir drigolion y mynydd.

A thyrfa o fynyddoedd yw fy nghwmni – yr Wyddfa a'i chriw, y Glyderau, y Carneddau, Moel Hebog, Moel Siabod, Arennig Fawr a Bach … ac yn y pellter, Cader Idris, a'i grib yn fur – gwarchodwr de Eryri. Tyrfa dawel yn tawel ddiasbedain hanes fy ngwlad – a'i dioddefaint, a'i gobaith.

Môr a mynydd, gwastadedd a chribau, creu a dinistr, muriau a drysau, y cwbl yn gybolfa hyfryd ym mhen a chalon y Cymro bach ar ben y Cnicht.

Merfyn Williams

Cwm Croesor a'r arfordir o'r Cnicht.

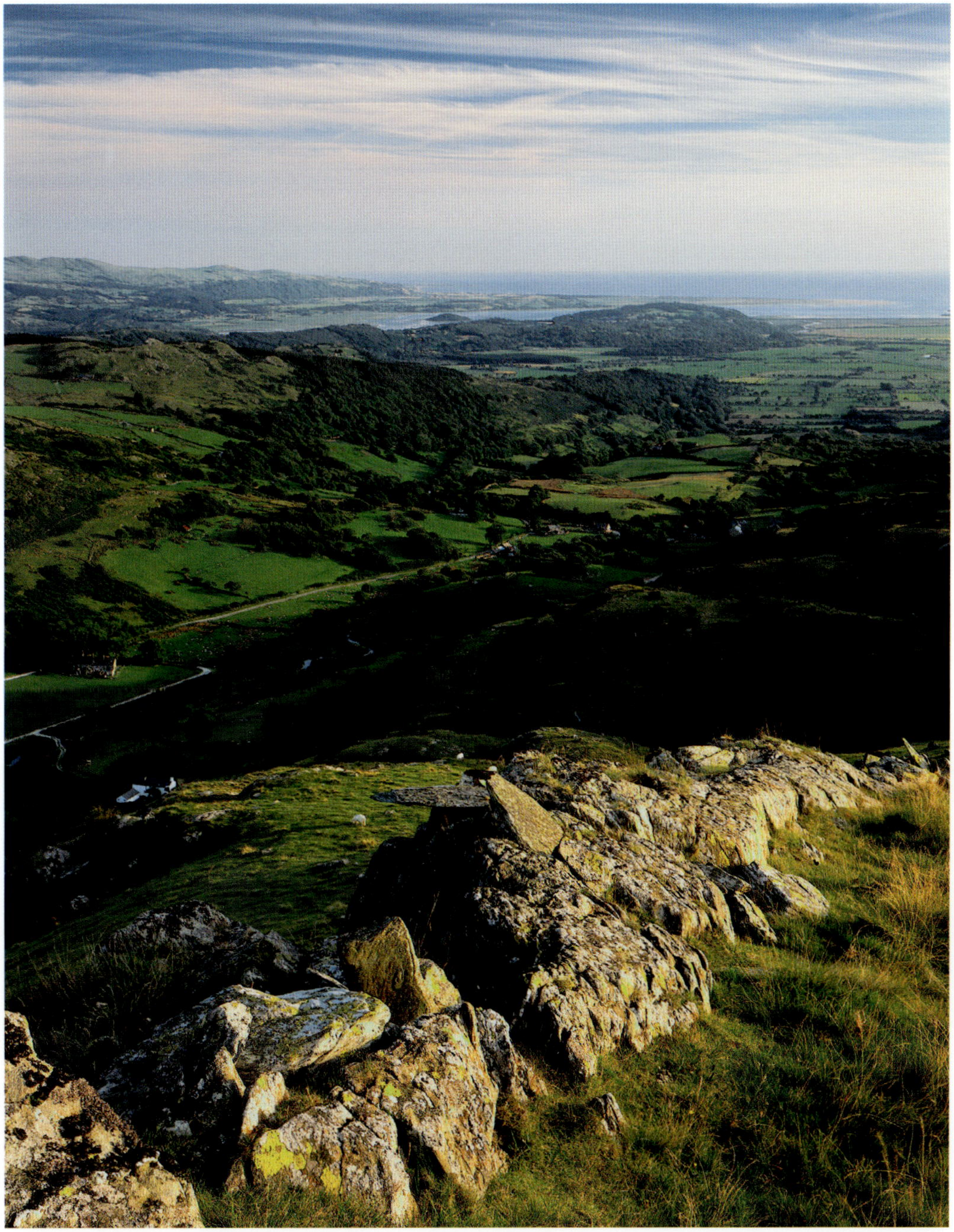

# Dyffryn Nant Ffrancon

Y fi yw tenant Blaen-y-Nant ers wyth mlynedd bellach. Fferm organig yw hi, ar dir uchel yn Nyffryn Nant Ffrancon. Dyma baradwys a grëwyd gan Dduw ei hun (gyda mymryn o gymorth dwylo dyn) – mynyddoedd creigiog, diffeithdir agored anhygoel, caeau â'u waliau sychion, y sgri, yr afon â'i dolenni hyfryd. Dyma'r lle mwyaf bendigedig yn y byd i mi.

Mae dyddiau fy mhlentyndod yn llifo'n ôl i mi yma. Yn ystod gwyliau'r haf, fe fyddem ni'r plant yn heidio i'r coed, at yr afon neu i'r gweunydd – doedd dim teithiau tramor bryd hynny, dim cyfrifiadur na theledu 'chwaith. Rwy'n cofio aroglau'r cynhaeaf gwair; aroglau diflanedig erbyn heddiw gyda dyfodiad y silwair. Mae hyd yn oed y gweiriau yn y weirglodd yn wahanol.

Yn fachgen, roeddwn yn byw mewn lle tawel iawn. Pan oeddem ni allan yn casglu'r defaid, peth digon anghyffredin oedd gweld un cerddwr unig, yn ei esgidiau hoelion mawr. Y cyfan glywech chi bryd hynny oedd lleisiau'r bugeiliaid eraill, yn cymell y cŵn neu'n rhoi'r byd yn ei le. Y dyddiau hyn, synnwn i ddim o weld 200-300 o gerddwyr mewn diwrnod. Wrth chwibanu ar y ci, mae'n ddigon cyffredin cael hanner cant o blant yn chwibanu hefyd! Sydd ddim yn ddrwg o beth, a dweud y gwir, gan ein bod ni'n ceisio denu pobl i'r fferm.

Yn fy marn i, mae'n bwysig dod â phobl y wlad a'r dref ynghyd. Ychydig o gysylltiad sydd gan yr ymwelwyr â'r bobl leol erbyn heddiw. Rwy'n cofio nain a taid yn mynd ati i arallgyfeirio ac ychwanegu at incwm y fferm trwy gadw gwely a brecwast. Yr adeg hynny, byddai pobl yn dod am wythnos gyfan, ar y trên i Fangor. Byddai beic gan bawb, a dyna fyddai'r gwyliau – mynd a dod a mwynhau'r ardal. Erbyn diwedd yr wythnos byddai pawb yn ffrindiau, fel petaent yn perthyn. Rwy'n ceisio ail-greu profiad o'r fath, ac yn ceisio annog ysgolion hefyd i ddod i weld y llwybr natur sydd gennym ar waelod y dyffryn.

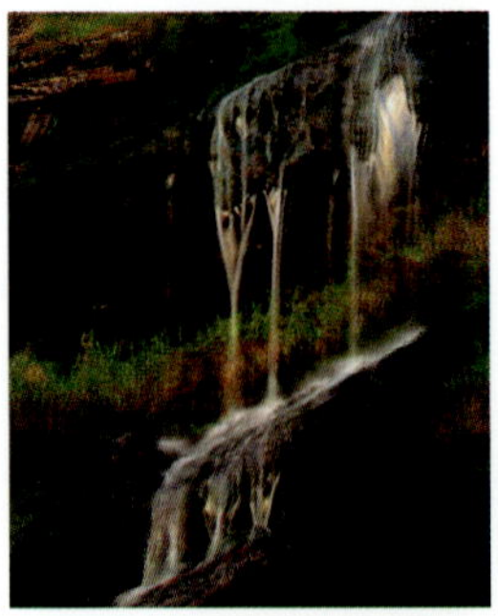

Rwy'n cael boddhad mawr o wella'r fferm a'i gwneud yn well amgylchedd ar gyfer bywyd gwyllt. Mae pleser mawr mewn rhoi sylw i waith a gafodd ei anwybyddu ers degawdau, fel ail greu hen ffiniau caeau, ailsefydlu coetiroedd a gweld y bywyd gwyllt yn dychwelyd.

Allwn i byth fyw mewn dinas a gweithio mewn ffatri. Dyma fy mywyd: yma, yn fugail mynydd. Ond fy ngobaith yw gallu *rhannu'r* fferm gyda'r gweithiwr ffatri o'r ddinas – a dyna pam rwy'n awyddus i gadw'r cyfan ar ei orau drwy'r amser.

Gwyn Thomas

Hafnos, Nant Ffrancon.

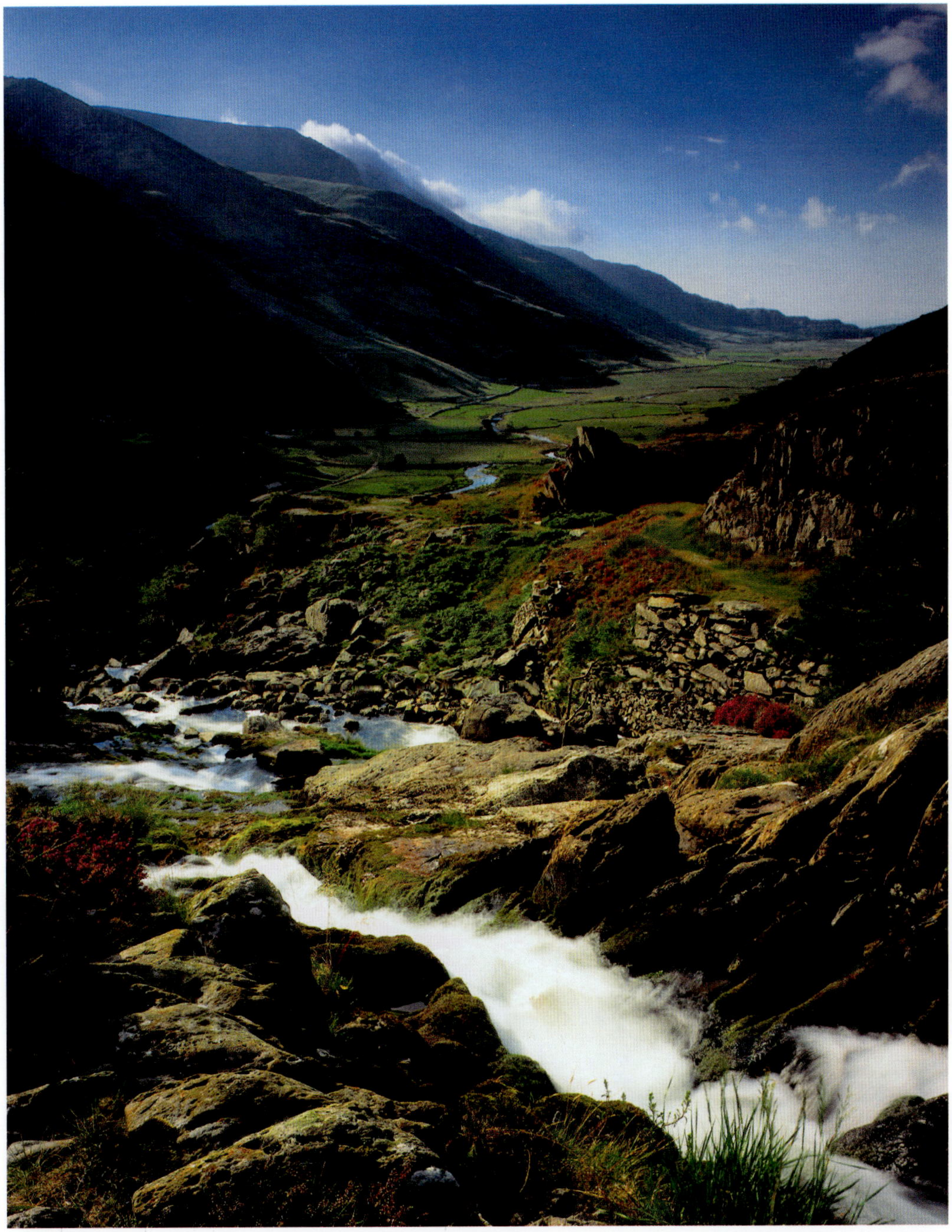

# At Lyn Anafon

Rwy'n gadael y tŷ, ac af i lawr at y Nant – gwythïen wrth galon Llanfairfechan ers dros fil o flynyddoedd. I fyny'r ochr arall, a buan y byddaf ar gyrion y Parc Cenedlaethol. Os trof i'r gorllewin, bydd Bryn Goleu o'm blaen; fel cynifer o ffermdai cyffelyb mae hwn yn gasgliad anghyffredin o adeiladau o amryfal gyfnodau. I'r chwith wedyn a dringo'n galed i fyny'r hen lwybr am war Garreg Fawr, a oedd yn rhan o safle pwysig y Bwyeill Cerrig a lle mae un o'r corlannau amlgellog sy'n unigryw i'r Carneddau.

Cyn bo hir daw'r llwybr at y Ffordd Rufeinig, a gallaf weld yn ôl at Fwlch y Ddeufaen neu i gyfeiriad Aber. Er i mi gerdded ar hyd y ffordd hon ddwsinau o weithiau a gwybod am ei tharddiad, ni ddeuthum i'w deall yn iawn nes mynd yn filwr. Ar yr awel, mynych y dychmygaf glywed mintai yn dringo'r codiad tir o Nant Conwy ac, o weld Penmaenmawr am y tro cyntaf, yr hen lawiau yn codi ofn ar yr hogiau ifanc â'u hanesion lliwgar am 'y pethau y bydd y rheicw'n eu gwneud os cân' nhw afael arnoch chi!' Wrth gerdded dan y peilonau 400 kv, meddyliaf am yr hen sowldiwr hwnnw o'r Rhyfel Byd cyntaf a 'nghoesau brysiog innau, yn wyth oed, yn gwneud fy ngorau glas i'w ddal wrth inni'n dau ddringo i gasglu merlod mynydd.

Ymlaen ar hyd y llwybr i gyfeiriad Drum, fy mhen yn nofio o atgofion. Does gen i ddim syniad sawl gwaith y bûm i ar y daith hon dros y blynyddoedd, ond yr un yw'r mwynhad o hyd. Yn 1964, roeddwn yn gyrru ar hyd y llwybr hwn fwy neu lai bob dydd am dri mis adeg adeiladu Lloches Foel Grach. Ond ni ddiflannodd y pleser a deimlaf o weld y merlod, neu rai o ddynion y mynydd – eu dillad yn llinyn bêls i gyd a'u cŵn yn dawnsio wrth eu sodlau.

Mae'r llwybr yn dringo heibio Foel Ganol a chyn hir daw Carnedd Pen-y-dorth Goch i'r fei. Heic sydyn dros y rhos a'i charped prysglwyn (gan styrbio merlen neu ddwy yn y broses, synnwn i ddim) a dyna chi uwch Llyn Anafon. Prin y gwelwch wên yr haul yn nŵr y llyn, hyd yn oed ar ddiwrnod da, a digon bygythiol yw creigiau Llwytmor uwchlaw. Gall y Carneddau fod yn lle gwyllt ac unig ofnadwy. Bu farw dau aelod lleol o'r Hôm Giard o oerfel wrth ymarfer yma, a thua'r un pryd aeth dau o blant bach ar goll yn nes at Benmaenmawr. Fe ddaethon nhw â gwaetgwn o Scotland Yard i helpu chwilio. Rhyfedd sut y newidiodd pethau. Erbyn hyn mae yna gŵn chwilio ym Mhenmaenmawr ei hun.

Rhyfedd hefyd fod y mynyddoedd hyn – sy'n gymaint cofnod o hanes y ddaear, ac mor ddigyfnewid i bob golwg – wedi bod yn dyst i gymaint o newid o'u cwmpas. Ers talwm, fe fyddwn yn mynd heibio i'r fan hyn yn aml, ar fy ffordd at greigiau uwch y Carneddau. Heddiw, rwy'n fwy tebygol o oedi yma, i syllu ar y llyn a'r creigiau, a myfyrio. Efallai y caf gip ar y merlod neu gyfarch un o'r cymeriadau lleol; bydd eu hwyneb yn gyfarwydd, a bydd hynny'n braf.

Warren Martin



Llyn Anafon a Llwytmor o Ben Bryn-du.

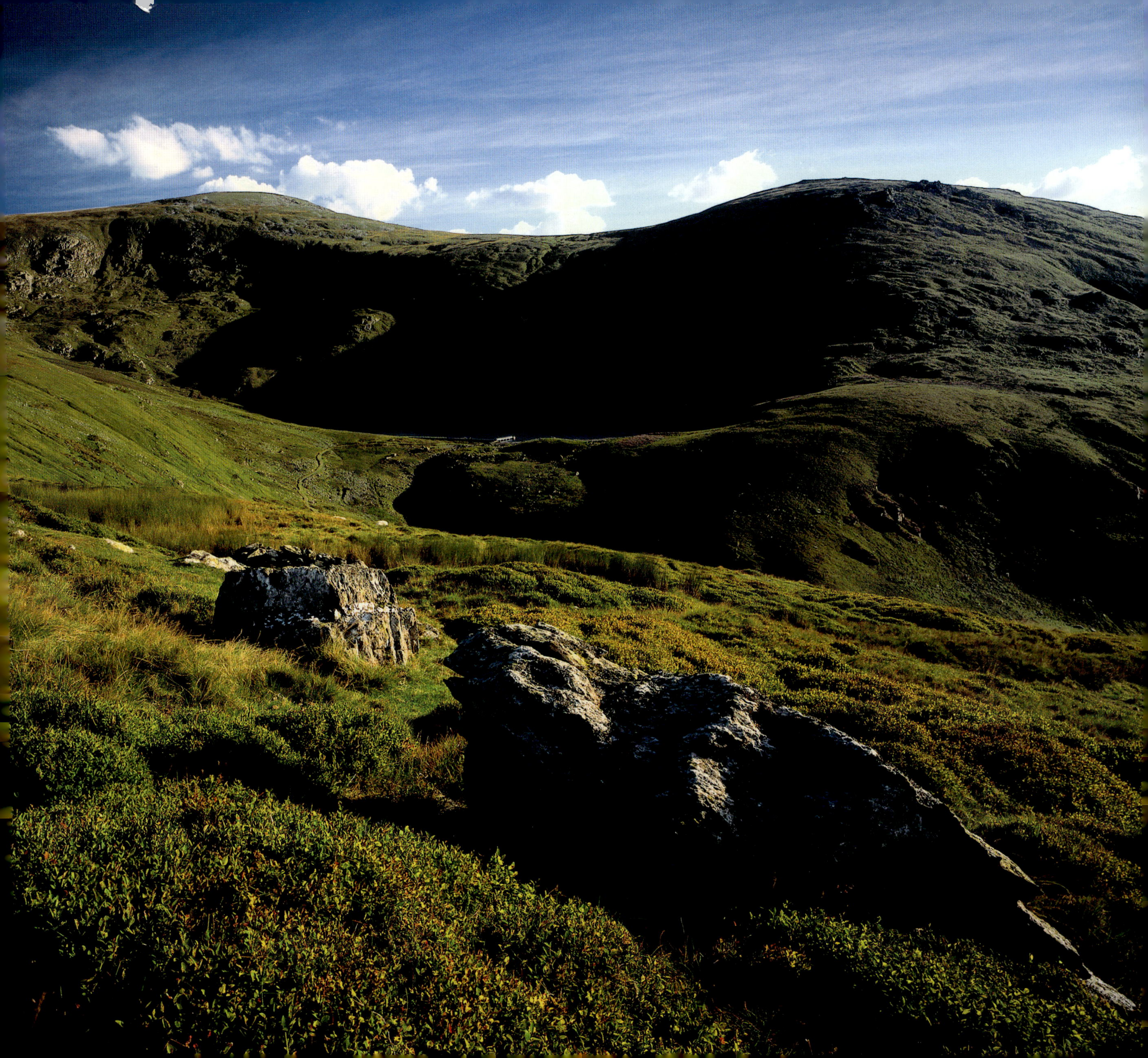

# Maen prawf – Afon Cynfal, Bro Ffestiniog

Ar lethrau'r Migneint, daw dyfroedd Afon Goch, Nant y Groes ac Afon Las ynghyd ger Pont yr Afon Gam i ffurfio Afon Cynfal, sy'n llifo i'r gorllewin tua Bro Ffestiniog. Brochia'r dŵr mawn fel cwrw dros y cerrig cyn plymio dros Raeadr-y-cwm i ddyffryn coediog, dwfn lle poera trwy'r rhigolau tywyll a thros greigiau sy'n dew gan fwsogl.

Mewn llecyn tawel, wedi'r rhaeadrau mawr olaf a chyn i'r dŵr lifo i Afon Dwyryd, mae un graig enfawr; deg tunnell o wenithfaen, chwe throedfedd o faint. Sefwch i lawr yr afon ohoni ac fe welwch chi flocyn sgwâr; ewch i fyny'r afon, ac mae'n gromen o graig sy'n gori yno, fel petai'n fyw ac yn gwybod mor hynod ydyw – pensyndod ac awdurdod yno'n un. Dan glogyn o fwsogl a'i gwaelodion yn dywyll ddu, llecha yno uwch llifeiriant Afon Cynfal.

Chwech neu saith oed oeddwn i pan welais y graig hon gyntaf. Fi oedd yr ieuengaf o bell ffordd mewn criw o fechgyn ar antur ar hyd Afon Cynfal o waelodion Allt Goch islaw Llan Ffestiniog. Gwaith caled, a'r creigiau'n wlyb a llithrig dan draed. Yna'n sydyn, roedd y 'craig-beth' hwn o'n blaenau. Dyma fy mhrofiad cyntaf o 'brofiad-cerflun' – hynny yw, profi gwrthrych difywyd yn datgan ei bresenoldeb ei hun. Mae yna greigiau unigol eraill, wrth reswm, ond mae hon yn unigryw. Er hanner can mlynedd, bûm yn dod yma i'w gweld ac wrth geisio cyfleu hanfod fy nghelfyddyd deuthum â phobl eraill yma i'w gweld, yn guraduron amgueddfeydd a gohebwyr celfyddyd. I mi, mae perffeithrwydd yn ei symlrwydd. Daeth natur, amser, amgylchedd a lleoliad ynghyd a chreu'r peth cyntefig hwn sy'n 'faen prawf' i mi ar fy nhaith fel cerflunydd.

David Nash

Maen prawf, Afon Cynfal.

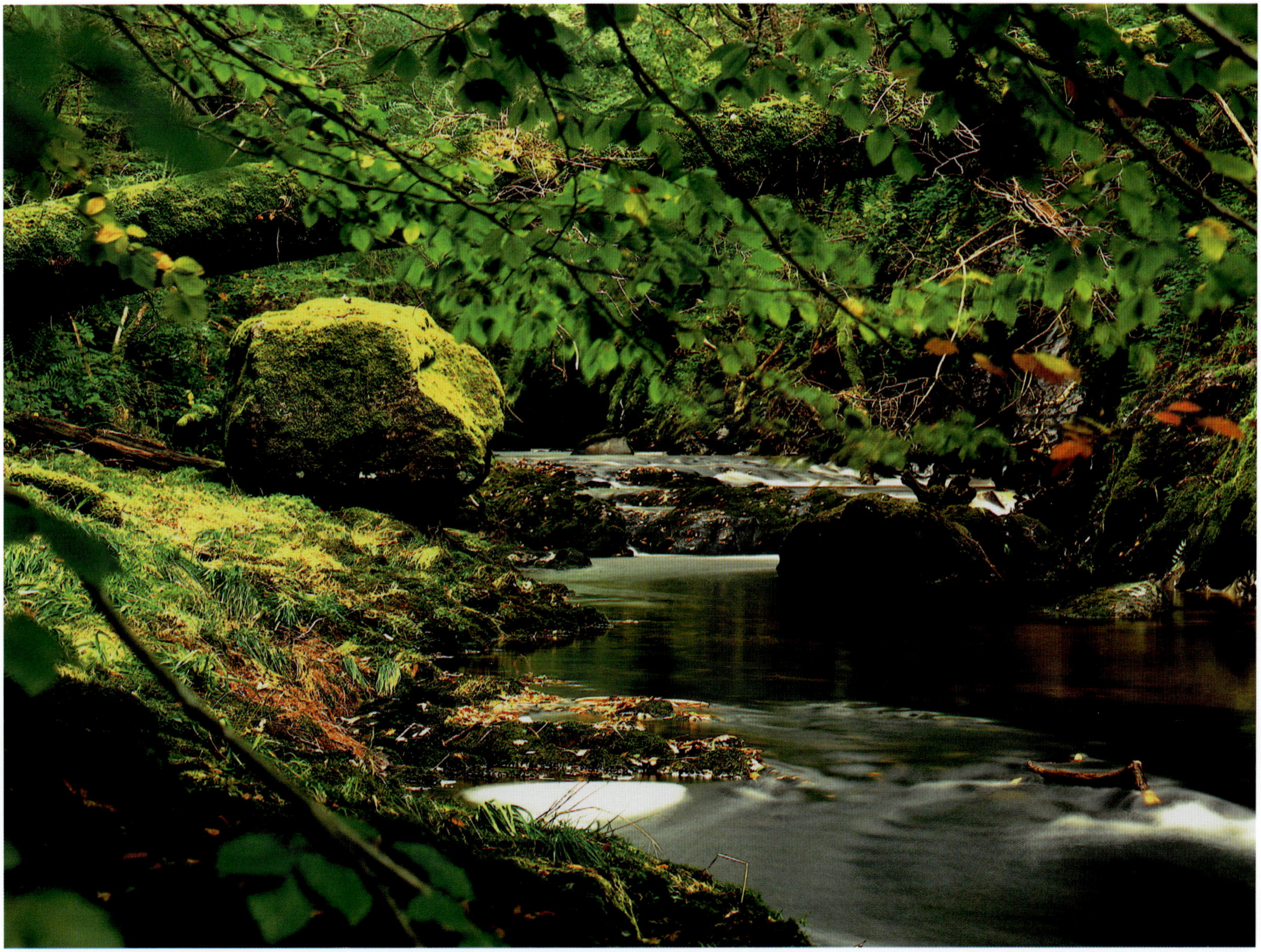

# Cwm Pennant

Yn ei gerdd enwog, os braidd yn sentimental efallai, mae Eifion Wyn yn holi:

> Pam, Arglwydd, y gwnaethost Gwm Pennant mor dlws
> A bywyd hen fugail mor fyr?

Synaid digon cyffredin. Serch hynny, mae'n syniad sy'n gafael. Ac mae hwn yn lle bendigedig. Dros y blynyddoedd y bûm yn byw yma, fe'm trawodd fod hwn yn dir sy'n llawn ysbrydion, lle bu cenedlaethau yn trefnu ac aildrefnu cerrig yn ffurfiau i'w defnyddio dros dro, am ganrif, dwy ganrif a thair, i'w benthyca o'r fan hyn er mwyn codi fan draw, i'w gadael i simsanu dan fysedd y gwynt a dinoethi dan y dail. Yn ddi-os, fel y dywedodd Parry-Williams, 'Mae lleisiau a drychiolaethau ar hyd y lle.' Dyma un o'r dyffrynnoedd hyfrytaf yn y wlad hyfryd hon: afonydd a choetiroedd, tywyrch tyn dan flodau'r cawr a thegeirian; eglwys a chapel, cefnen a chromen ar fryn, a chwmwl o fwtsias y gog fel mwg tân coed yn glynu uwch llawr glas llannerch.

I mi roedd y bobl yn gymaint rhan o'r lle â'r afon a'r bryniau: hen wynebau, sgyrsiau hamddenol, pigion prysurdeb y flwyddyn ar y fferm: chwys a chosi gwallgof hel gwair, pandemoniwm y boddi byrhoedlog adeg trochi defaid, y bugeilio – y tro hwnnw pan oedd eira hwyr y gwanwyn yn glynu'n hir, a'r famog wedi ymlâdd, dim dewis ond torchi fy llewys a gwthio'r oen ffolennol yn ei ôl ac o chwith cyn ei dynnu i'r byd, fy mraich a'i gnu yn farmor o waed, yn felyn ar wely gwyn y flwyddyn. Yna, ddyddiau'n unig yn ddiweddarach, mewn cae o ysgyrion eira â'r borfa'n dechrau ennill tir, yn un oen eto, yn sefyll yn herfeiddiol o flaen ysgyfarnog a honno ar ei phedrain yn bygwth bocsio.

Rwy'n cofio holi Mr Morus, Gilfach, pam roedd pennau defaid yn crogi yn y coed uwchben yr afon wrth dalcen y tŷ: 'Duw, ciwar i'r bendro, yldi. Os colla i ddafad, mi dorra'i phen hi a'i hongian o'n fan-cw. Ddaw'r pryfed chwythu i ddodwy, fytith y cynrhon yr ymennydd, wedyn mi ddisgynnan i'r afon a dyna'r salwch 'di olchi o'r tir.'

Coel gwrach fyddai hynny yng Nghwm Pennant heddiw. Daeth miliwnyddion yr erwau, y ceiswyr cymhorthdal, i feddiannu'r cwm. Mae'r tir y tu ôl i ffensys weiar, a siediau gaeafu enfawr, llwydion ar bob tu. Tynnir gwaith o'r ddaear hen; rhaid cyfiawnhau'r buddsoddiadau. Ond mae rhywbeth rhyfedd yn y defnydd hwn i mi, a thybed nad gwell gen i'r hen anesmwythder Calfinistaidd hwnnw a synnai at y prydferthwch, a syniai o leiaf am rym a dirgelwch lle, â rhyw ryfedd barch.

Jim Perrin



Gwanwyn yng Nghwm Pennant.

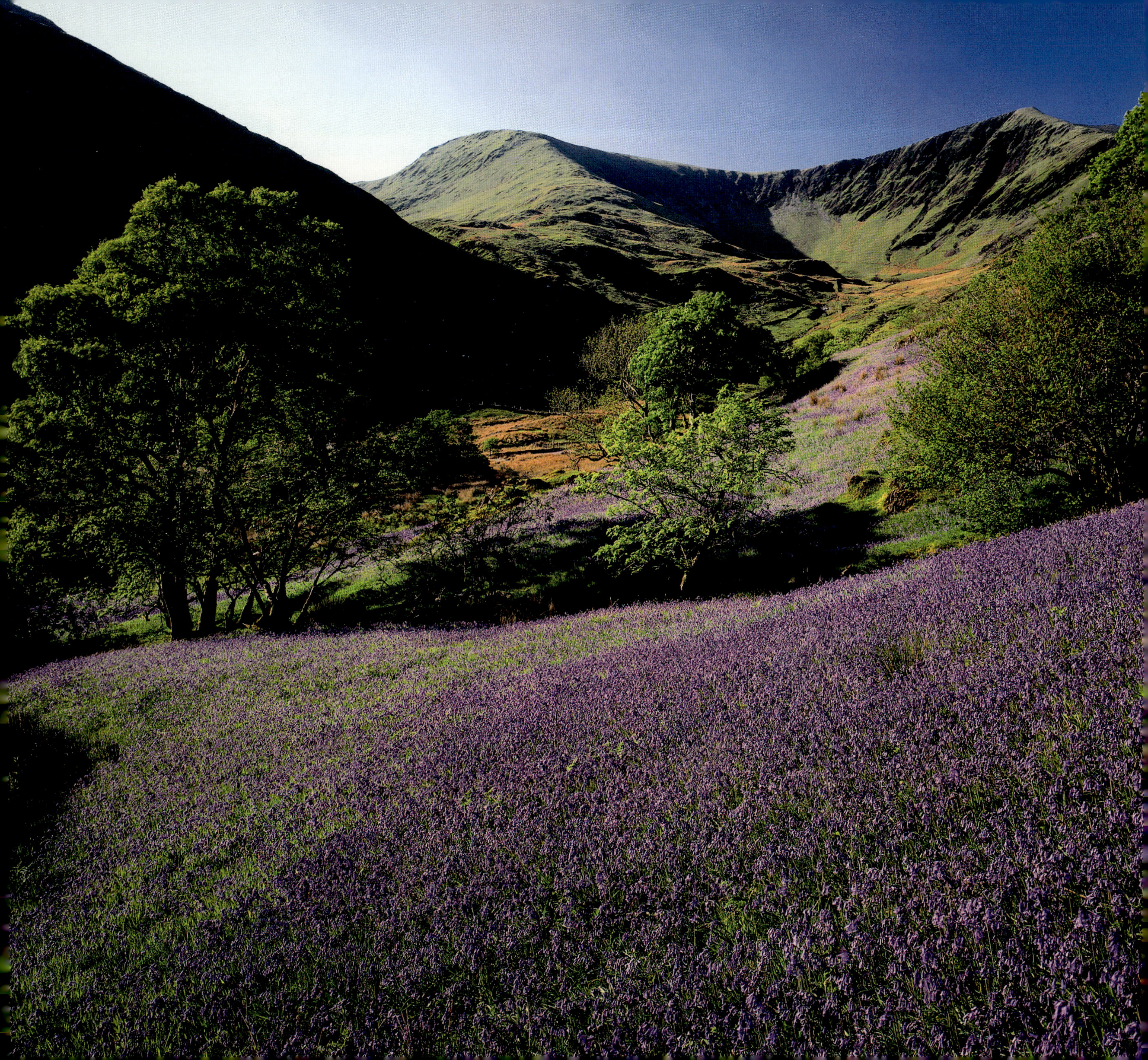

# Moel Siabod

Dod i'r byd yn ei gysgod, ac wedi dathlu oed yr addewid rai blynyddoedd yn ôl, yn dal i fyw yma yng ngolwg fy hoff fynydd, Moel Siabod; dyna fraint brin i'w rhyfeddu.

Fe'm ganwyd, yn seithfed plentyn rheolwr y chwarel, wrth droed y mynydd ym Mhont Cyfyng, mewn cymuned fechan o chwarelwyr a'u teuluoedd. Ond daeth tro ar fyd ers hynny. Pan oeddwn i'n llencyn, roedd pawb yn siarad Cymraeg, a'r teuluoedd i gyd, namyn un, yn gapelwyr. Bellach, mae'r chwarel wedi cau ac ar dir preifat, ond ers talwm roedd o'n lle gwych i dyfu i fyny, lle da i ddysgu am bobl a bywyd. Ar waelodion y mynydd yr oedd y chwarel, ac fe gawson ni fagwraeth arbennig iawn yno, yn dod i wybod am Foel Siabod ac is-ddyffryn Afon Llugwy.

Byddai'r dŵr a lifai oddi ar Siabod yn troi'r olwyn ddŵr i roi pŵer i'r cwt chwarel. Yna, roedd yn rhedeg i Afon Llugwy lle byddwn i a'm brodyr yn pysgota brithyll. Pysgotwyr oedd fy nhri brawd, ond John, y brawd agosaf ataf ddysgodd y grefft i mi. Yn drist iawn, fe gafodd John ei ladd yn y rhyfel. Y rhan orau o ddigon ar gyfer pysgota oedd o Bont Cyfyng at y cerrig camu ac yna at y nant fechan sy'n llifo i lawr o Fryn Gefeiliau. Fe welech chi ryw wedd wahanol ar Foel Siabod ar bob cam o'r daith, a'r mynydd yn sicrwydd ac ysbrydoliaeth i ni'r hogiau.

Fe fydden ni'n pysgota ar bob tywydd. Os oedd y llif yn uchel a'r dŵr yn goch, diwrnod o bysgota llyngyr yn y pwll mawr o dan raeadr Pont Cyfyng fyddai o'n blaenau. Cymaint o bysgod fel na fyddai angen symud cam. Dro arall, cyn i'r coed wisgo'u dail, fe fydden ni'n pysgota plu ar y dŵr byw. Byddai'r brithyll llwglyd yn awchu am y plu. Wrth fynd i lawr yr afon y tro cyntaf, ar ddechrau'r tymor, byddai angen mynd â llif i dorri rhai o'r canghennau newydd, er mwyn gwneud lle i gastio. Y tro nesaf y byddai'r afon yn codi, byddai'r brigau yn cael eu cario oddi yno gan y dŵr. Yna pan oedd gormod o ddail, i fyny â ni i'r mynyddoedd: Llyn y Foel ar Siabod a Llyn Newydd, llyn y chwarel, oedd y ffefrynnau.

Am gyfnod byr ym mis Mehefin neu fis Gorffennaf fe gaech chi chwilod coch y bonddu go iawn, ar y rhedyn yma ac acw. Roedd y brithyll yn gwirioni ar y rheini. Coch y bonddu ar y bachyn, wedyn lein fer a chropian at y dorlan a chwarae'r chwilen ar wyneb y dŵr, wrth y lan a than y coed. Weithiau byddai'r brithyll yn neidio o'r cysgodion a llowcio'r abwyd cyn iddo gyrraedd y dŵr. Dyna i chi gyffrous, ac fel petai'n denu'r pysgod mwy hefyd, rywsut. Ond mae'r pleser hwnnw wedi diflannu heddiw, i'r hogiau ifanc a phobl fel finnau, fel ein gilydd. Dim pysgod. Mae glaw asid wedi lladd y pryfed, does ganddyn nhw ddim bwyd. Ac mae'r llynnoedd mynydd yn fwy llwm.

Ond 'dw i'n dal i fyw yma yng Nghapel Curig ac yn dal i gadw golwg ar fy hoff fynydd. 'Dw i'n ddyn lwcus iawn.

Owen Wyn Owen

Siapiau'n llifo a cherrig camu, Afon Llugwy.

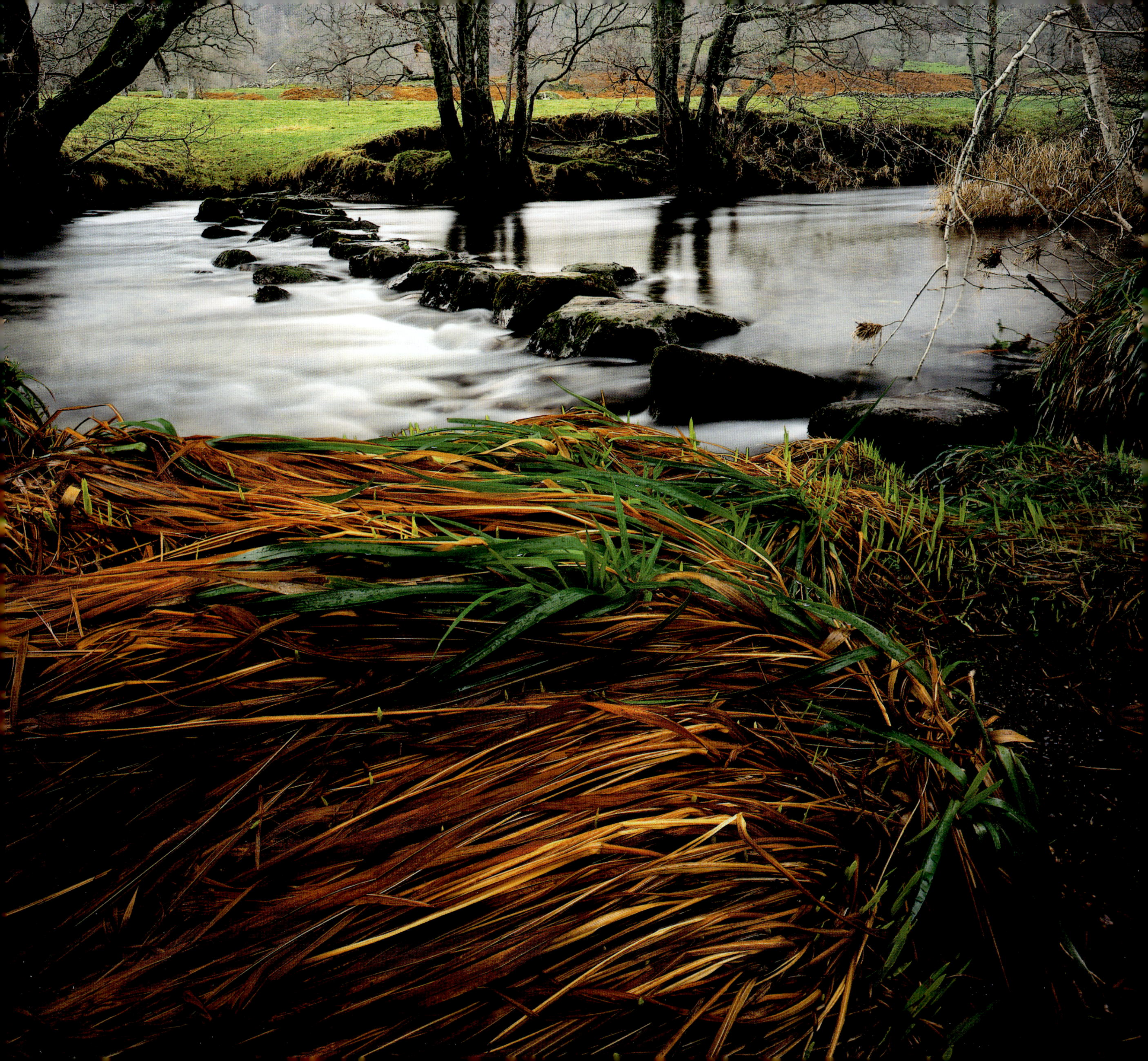

# GLOYWLYN

Meirionnydd. Doedd dim dwywaith i mi mai yn yr ardal honno y deuwn o hyd i'm dewis, gan nad oes yr un ardal arall yng Nghymru benbaladr yn cynnig cystal amrywiaeth o nodweddion naturiol yn eu holl brydferthwch.

Ond ble ym Meirionnydd? Wedi meddwl, roedd angen bodloni rhai amodau. Roedd yn rhaid iddo fod yn rhywbeth hollol naturiol, heb arno 'staen na chraith'; yn rhywle lle nad oedd ond ychydig iawn o arwyddion fod unrhyw beth wedi newid ers dyddiau'r rhew. Felly, dim adeiladau, ddim ffyrdd, dim coedwigaeth, a dim caeau llawn gwrtaith. Dyna amodau braidd yn gaeth y dyddiau hyn, ond yn yr ardal hynod hardd i'r gorllewin o fynyddoedd y Rhinog, gallwn eu bodloni bob un. O'r gadwyn hon, llifa pedair afon i'r gorllewin at y môr, a phob un yn ymlwybro heibio i lecynnau tu hwnt o drawiadol. Fy newis i? Llyn, yn uchel ar ochr ddeheuol un o ddyffrynnoedd yr afonydd hyn, sef dyffryn Afon Artro.

Ni ddaw yr un lôn cyn belled â'r llyn, wrth reswm, a rhaid darllen y map yn ofalus i ddod o hyd iddo. Fe'i cewch yn swatio yn ei grud o graig, a Rhinog Fawr yn glamp o forwyn i gadw golwg arno. Mae mwy nag un ffordd o'i gyrraedd. Dewch i lawr oddi ar Rhinog Fawr, heibio i Lyn Du, ac yn eich blaen ar i waered, a bydd golygfa wych o'r llyn islaw. Neu, os yw'n well gennych daclo'r creigiau, beth am gerdded i ben Carreg-y-Saeth a syllu ar y llyn o'r fan honno, yn uchel uwch ei ben, eto'n agos, agos ato. Mae yna lwybrau eraill, wrth gwrs, ond ar fy hoff lwybr i mae'r wefr yn cael ei chadw'n gyfrinach tan yr eiliad olaf un.

Rhaid cychwyn y siwrnai ger ymyl Afon Artro, nid nepell o fferm Cwm-yr-Afon, a dringo hen lwybr y mwynwyr sy'n codi'n raddol hyd lethrau'r dyffryn, lle mae golygfeydd gwych. Wedi dod at lwyfandir bychan, byddaf yn gadael y llwybr a pharhau'r daith hyd ochr dyffryn arall: dyffryn llydan, llai lle mae afon fechan sy'n tarddu yn fy llyn arbennig i. Maes o law bydd y nant hon yn cyrraedd Afon Artro. Yma mae'r tir yn wyllt a dramatig, yn greigiau a brigiadau serth, yn erwau o rug y mynydd a phlanhigion eraill y gweundir, ond dim un arlliw o'r llyn sy'n disgwyl amdanom. Ymlaen â'r daith, i fyny at un rhimyn olaf o graig. Yna, yn gwbl annisgwyl, daw gogoniant Gloywlyn i'r golwg.

Rhywbeth fel hyn a ddywedodd William Condry amdano: 'Boed iddo barhau, yn naturiol, yn dawel ac anghysbell fel hyn: mae encilio yma yn falm i'r enaid.' Rwy'n cytuno'n llwyr.

GEOFF ELLIOTT

Storm ar glirio, Gloywlyn.

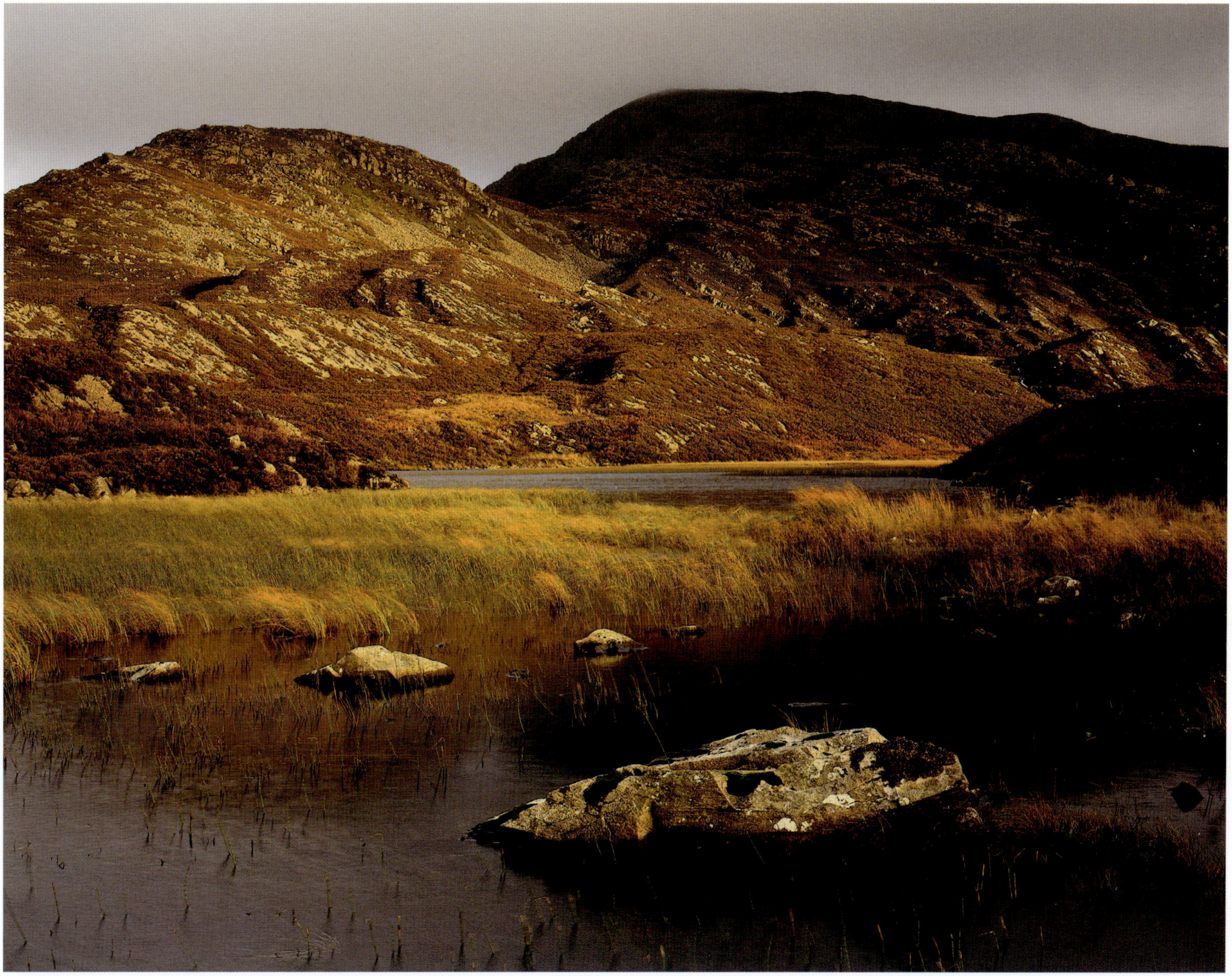

# O Graig Penmaen

Fy hoff olygfa i o fewn Parc Cenedlaethol Eryri yw'r olygfa o gopa Craig Penmaen – rhwng Bronaber a'r Ganllwyd, yn edrych i lawr ar fy nghartref, sef fferm Ffridd Bryn Coch, gyda'r Rhinogydd yn y cefndir.

Mae gen i lawer iawn o atgofion melys am hen arwyddion tywydd fy nhaid sydd yn dal yn fy nghof. Pan oeddwn yn blentyn, taid a dad oedd yn rhedeg y fferm, a phob cyfle roeddwn i'n ei gael, ro 'ni wrth eu cwt yn bwydo'r defaid neu hel bêls gwair ar gefn y Nyffîld bach coch. Hyd heddiw, adeg hel defaid oddi ar y mynydd, bydd dad yn edrych i fyny at gopa'r Rhinogydd yn chwilio am gap o gwmwl sydd yn arwydd o law, neu edrych draw at yr afon Grawcwellt i weld lle mae'r ceffylau gwyllt. Os ydynt reit agos i'r afon, mae hyn hefyd yn arwydd o law.

Yno ar y fferm dechreuodd fy niddordeb mewn bywyd gwyllt: dod adra o'r ysgol un diwrnod a chyfarfod y diweddar Ted Breeze Jones a'i wraig Anwen. Roedd Ted wedi dod o hyd i nyth y dylluan wen yn un o'r beudai, a chywion bach reit hyll ynddi ar y pryd. Mae yno dylluanod yn yr un beudy, a finna'n dal i'w gwarchod. Fe ddaliais frwdfrydedd Ted, ac nid fi ydi'r unig un. Mae'n bleser hefyd fod yn aelod o Bwyllgor Coffa Ted.

Fy mrawd a dad sydd yn ffermio heddiw. Mae'r ffordd o ffermio wedi newid a moderneiddio dros y ddeng mlynedd diwethaf, a'r fferm wedi newid er lles bywyd gwyllt dan ofal prosiectau cadwraethol. Mae'n braf cael gweld amrywiaeth o adar, er enghraifft yr ehedydd, siglen lwyd, clochdar y garreg, trochwr, boda tinwen, gwalch bach, y grugiar ac yn ddiweddar y troellwr, ac wrth gwrs, un o'm hoff famaliaid ar yr afon – y dyfrgi.

A dyma fydd fy ngardd gefn i am oes, y ffriddoedd a'r Rhinogydd. Neu yng ngeiriau Iwan Morgan:

Hen Ddrws caregog is y Rhinogau,
Ei annedd anial a'm swynodd innau;
Y mae i ŵr hyd ei noethlwm erwau
Le i hir gilio'n ei gêl rigolau;
Hen hanes sy'n ei haenau, – fe'i gwelir
Yn hud a miri'r rhyfedd dymhorau.

Sarah Jones

Y wawr, fferm Ffridd Bryn Coch.

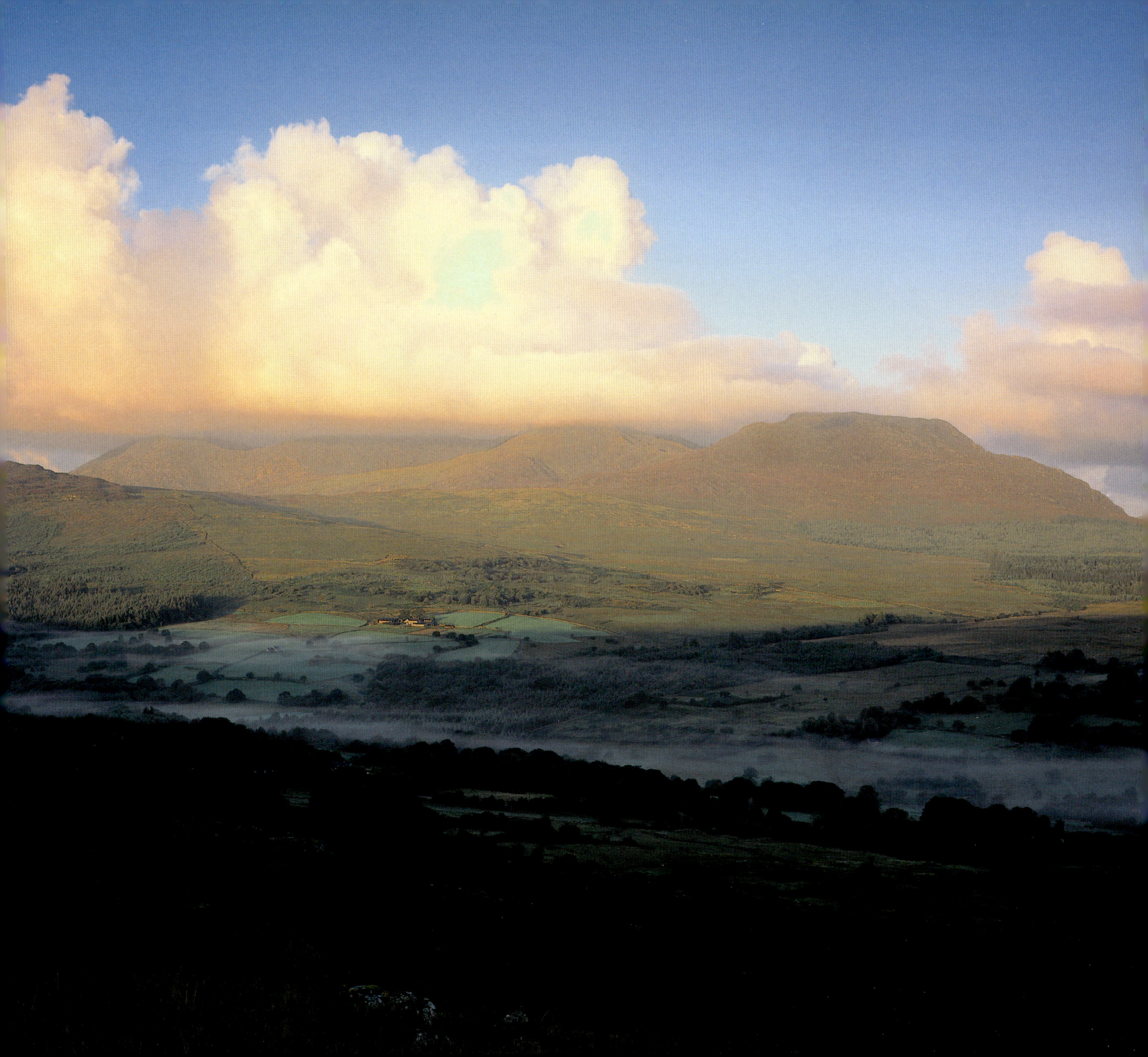

# Llyn Tegid a'r Bala

Llyn Tegid yw llyn naturiol mwyaf Cymru – ac rydw i'n gwirioni ar y lle! Fel rhywun o Lesotho, sy'n wlad sych, fynyddig, heb fawr o ddŵr i'w weld yn unman, rydw i wrth fy modd yn byw a gweithio mor agos i'r llyn. Gallaf ei weld o'r ystafell fyw. Rwy'n ei weld bob bore wrth godi a chyn mynd i'r gwely bob nos.

Mae'r golygfeydd yn newid bob tymor. Mae'n wych, yn enwedig yn yr haf pan fydd awyr las uwchben y dŵr. Eto, mae'n codi braw arnaf ambell dro yn y gaeaf, pan fydd tipyn go lew o lifogydd yn y Bala. Fe fuon ni'n lwcus hyd yma, ond y llynedd roedd y dŵr yn andros o agos at ein tŷ ni. Fe fyddwn ni'n mynd am dro bob nos ar hyd y glannau: y fi, fy ngŵr, ein mab chwech oed – a'r ci, ci defaid sydd wrth ei fodd mewn dŵr. Dim ots pa adeg o'r flwyddyn yw hi – mae'n rhaid iddo gael nofio!

Weithiau yn yr haf, mi awn ni am bicnic wrth y llyn. Yr adeg honno o'r flwyddyn mae'n brysur iawn yno. Wedi dweud hynny, mae llawer o bobl leol yn gymysg â'r ymwelwyr, yn eistedd yma ac acw i gael sgwrs. Mae'r llyn ei hun yn eithaf prysur hefyd: canŵio, hwylio a nofio. Mae fy hogyn bach i yn hoffi mynd yno i nofio gyda'i ffrindiau ond mae'n well gen i edrych ar y cychod hwylio. Rydw i'n hoffi edrych ar y dŵr. Ddim yn hoffi gwlychu ydw i!

Yn ogystal â charu'r llyn, rydw i'n caru'r dref a'r bobl hefyd. Roedd fy llystad yn arfer gweithio yn Lesotho a dyna lle gwnaeth gyfarfod fy mam a minnau. Roedden ni'n arfer dod i'r Bala, ei dref enedigol, bob blwyddyn ar wyliau, nes i ni syrthio mewn cariad â'r lle. Felly, ddiwedd y Nawdegau, fe benderfynodd y teulu symud yma i fyw. Mae Bala yn eithaf tebyg i'r ardal lle cefais fy magu: mae mynyddoedd o'n cwmpas i gyd ac mae'n gymuned glòs. Mae siopa ar fore Sadwrn yn cymryd oriau am fod angen sgwrsio efo cymaint o bobl! Mae teimlad hamddenol, braf yma. Mae llawer o siopau bach yn dal ar agor yma. Roedd Tesco eisiau agor archfarchnad yma ond roedd y gymuned yn gwrthwynebu'n gryf, am resymau amlwg. Y teimlad o berthyn i gymuned yw un o'r ddau beth rydw i'n eu gwerthfawrogi fwyaf yma. Y llall yw'r iaith Gymraeg. Rydw i wedi dysgu siarad Cymraeg ac mae hynny wedi gwneud gwahaniaeth mawr i mi, yn gymdeithasol ac yn y gwaith. Wedi'r cyfan, mae dros 80% o boblogaeth ardal y Bala yn siarad Cymraeg, felly dyna'r iaith bob dydd.

Y dref a'r llyn, mae'n anodd iawn dychmygu un heb y llall. I mi, gyda'i gilydd maen nhw'n un lle, a'r lle hwnnw bellach yn gartref i mi.

Keneuoe Morgan

Bore o wanwyn, Llyn Tegid.

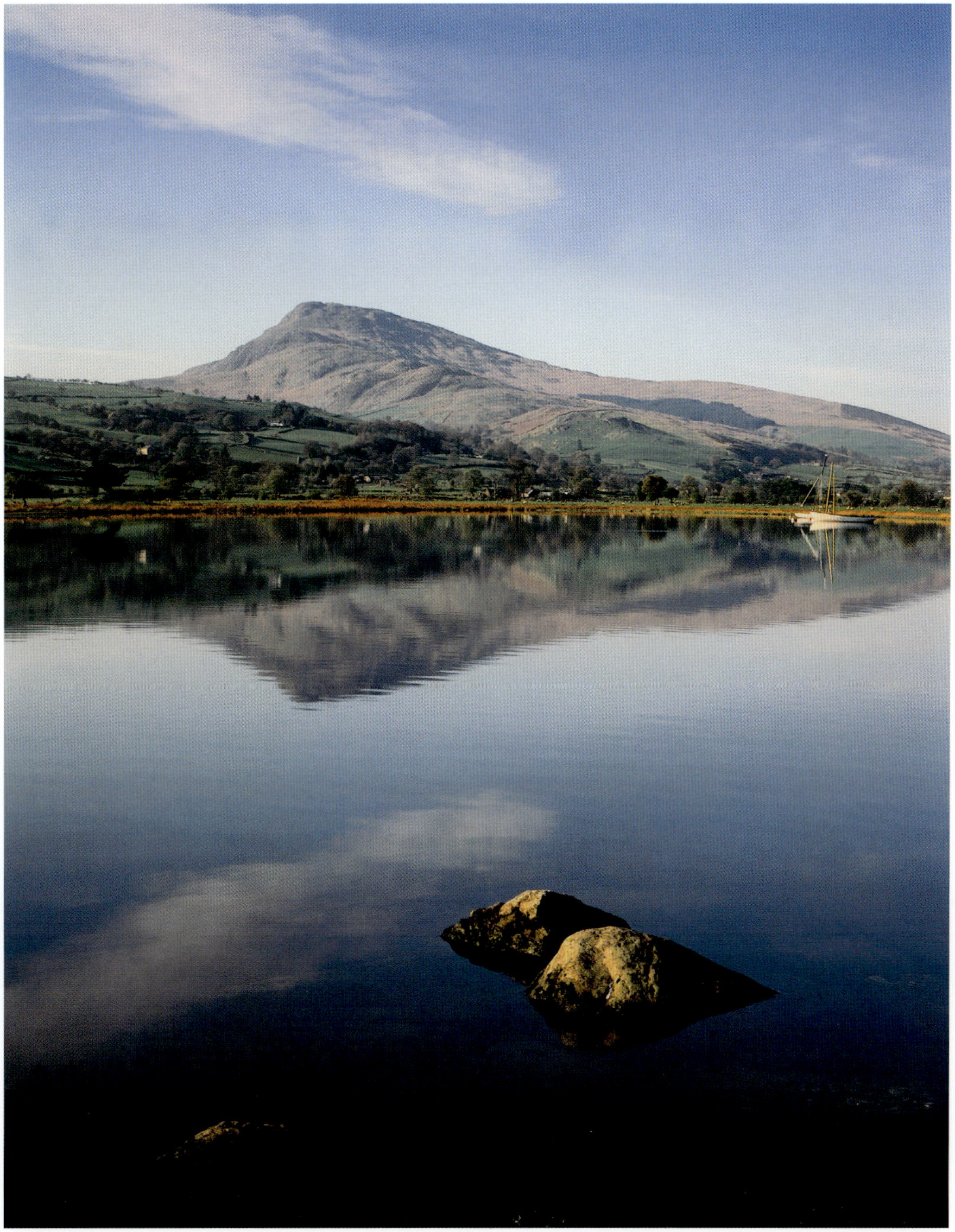

# Tŷ Mawr, Ynys-y-Pandy

Un o'r adeiladau mwyaf trawiadol ym Mharc Cenedlaethol Eryri, yn fy marn i, yw'r felin lechi wych yn Ynys-y-pandy. Fe'i gwelwch yno uwch Afon Henwy, yn adfail llwm, di-do ond yn llawn mawredd hyd heddiw.

Pethau plaen, pwrpasol yw adeiladau diwydiannol ar y cyfan, yn enwedig rhai'r diwydiant llechi – nid felly Tŷ Mawr! Yn ôl rhai, mae'r adeilad y peth tebycaf i abaty, eglwys gadeiriol neu felin wlân, ond mewn gwirionedd mae ei gynllun yn hynod debyg i gynllun ffowndri haearn. Dyma i chi un o'r henebion diwydiannol hynodaf yng Nghymru, os nad ym Mhrydain.

Roedd y felin ar waith erbyn 1857, yn troi crawiau llechi o chwarel Gorseddau yn 'llechi toi, llechfeini llorio wedi'u llifio a'u plaenio, sil ffenestri, neu lechfeini er dibenion cyffredinol.' Gŵr lleol oedd yr adeiladydd, Evan Jones o Garn Dolbenmaen, ac er na wyddom i sicrwydd enw'r dylunydd, mae gennym syniad. James Brunlees adeiladodd y rheilffordd a gysylltai'r chwarel a'r felin â'r môr. Bu'n gweithio gyda Syr John Hawkshaw ar Reilffordd Manceinion a Leeds, ac mae'n eithaf posib iddo fod yn rhan o adeiladu'r rheilffordd yn Miles Platting, lle mae melin arall debyg iawn.

Trwy archaeoleg, mae gennym syniad sut roedd y felin yn gweithio. Daethai'r pŵer o olwyn ddŵr yng nghanol y felin, a gwyddom fod sawl llif gron a pheiriant plaenio i drin y blociau a gyrhaeddai ar wagenni rheilffordd trwy'r drws yn y mur deheuol. Mae'n debyg mai gweithdy gwneud llefydd tân llechen addurnedig oedd ar y llawr cyntaf, a'r rheiny'n gadael ar dramiau i lawr y ramp.

Trwy archaeoleg hefyd, gwyddom na fu'r felin yn llwyddiant masnachol o gwbl! Ychydig iawn o wastraff llechi sydd ar y tomenni o amgylch y felin, yn arwydd mai ychydig iawn o waith a wnaed yma erioed. Mae'n debyg mai am ryw wyth mlynedd y bu ar waith. Yn ôl pobl ar y pryd, nid trwy dwyll y buddsoddodd pobl yn y fenter, ond o ddiniweidrwydd. Roedd holl ofynion busnes llwyddiannus yno, ac eithrio llechi. O gofio'r holl ddoniau peirianyddol a gyfrannodd at adeiladu a ffitio Tŷ Mawr, dyna drueni na feddyliodd unrhyw un holi barn daearegydd – neu'n well fyth, chwarelwr profiadol o Gymro.

Cafodd yr adeilad ei ddefnyddio fel capel tua 1888. Unwaith cynhaliwyd eisteddfod yno! Bu'r peiriannau yno'n rhydu tan 1894, pan gafodd y gragen ei gwagio, ac yn 1906 tynnwyd y to. Yn 1981, prynwyd y felin gan Barc Cenedlaethol Eryri, yn Heneb Gofrestredig. Bellach wedi'i thrin a'i chyfnerthu i'w chadw'n saff, saif yma'n gofeb i optimistiaeth fasnachol fyrbwyll oes Fictoria.

David Gwyn

Ar derfyn dydd, Ynys-y-pandy.

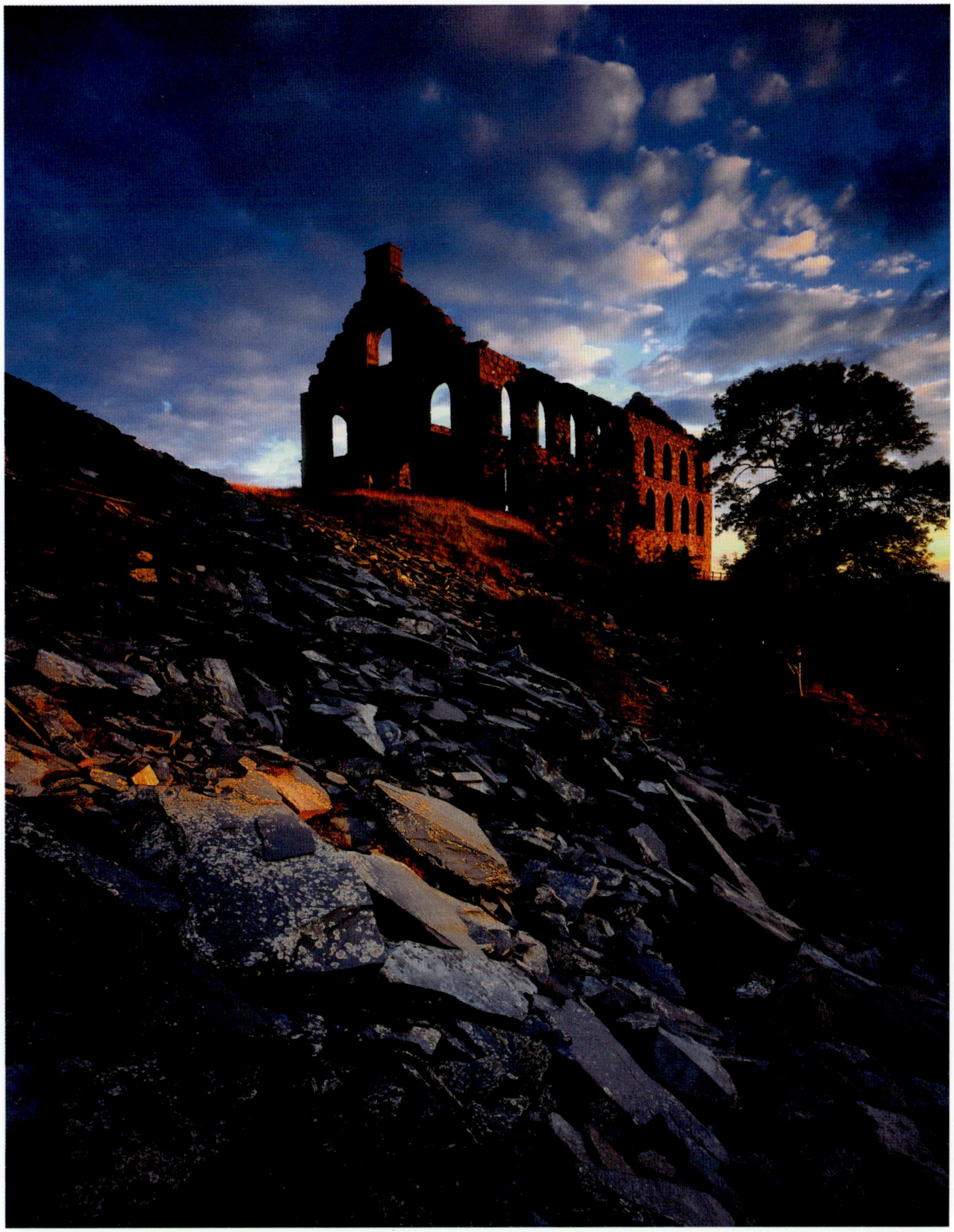

# Llynnau Cregennen

Mae 'na deimlad arbennig am ambell le, rhywbeth sy'n anodd rhoi eich bys arno'n iawn. 'Dach chi'n cyrraedd yno am y tro cyntaf erioed, a 'dach chi'n teimlo gwefr ryfedd, dawel, a wnewch chi byth, byth anghofio'r teimlad hwnnw, a phob tro y byddwch chi'n dychwelyd yno, mae'r un wefr yn treiddio drwyddoch chi. Lle felly ydi Llynnau Cregennen. Rydan ni'n deud 'Llynnau Cregennen' yn lleol er mai 'Llynnoedd' fyddai rhywun yn ei ddefnyddio fel arfer, ond does wybod pam.

Cred rhai fod yr enw'n tarddu o'r gair 'cragen,' ond mae eraill, wedyn, yn dweud mai 'Crogenan' oedd yr enw'n wreiddiol am fod 'na sôn mai yma y byddai drwgweithredwyr yn cael eu crogi ar gangen un o'r coed derw, a hynny wedi iddyn nhw gael eu dedfrydu yn Llys Bradwen gerllaw. Ednywain ab Bradwen oedd y Bradwen hwnnw, gŵr oedd yn byw yn y ddeuddegfed ganrif, ac mae'n debyg fod olion ei hen lys i'w gweld yma o hyd – ond dwi eto i ddod o hyd iddyn nhw.

Mae'n anodd gen i ddychmygu unrhywun yn cael ei grogi yma, mae'n fan rhy brydferth. Ond does wybod. Mae'n dawel yma, yn ddramatig ac unig yng nghysgod y Tyrrau Mawr, ac a bod yn onest, alla i ddim dychmygu lle gwell i farw – ond marw'n dawel a bodlon wrth reswm. Nid lle i ddiodde' mohono, ond lle i ramantu a myfyrio – a syrthio mewn cariad. Galwch fi'n rhamantydd hurt, ond mi ddigwyddodd i mi. Yma, flynyddoedd yn ôl, ar noson glir a chynnes o fis Medi, y syrthiais i mewn cariad dros fy mhen a nghlustiau. Roedd o'n digwydd bod yn foi hawdd syrthio mewn cariad ag o, ond dwi'n eitha siŵr bod y lle wedi chwarae rhan sylweddol yn y mopio. Roedd yr awyr y lliw glas perffaith hwnnw na ellir ei ail-greu ar gynfas, y sêr yn galeidosgop o grisial a'r lleuad lawn yn disgleirio ar wyneb y llyn. Edrychai'r ynys fechan yn Arthuraidd; bron na allwn ddychmygu Caledfwlch yn codi o'r dyfroedd yn y tarth, a chefais fy hudo.

Mae 'na faen hir wrth ymyl y ddau lyn, sy'n profi bod pobl wedi bod yn teithio'r ffordd yma ers dros bedair mil o flynyddoedd, a dwi'n gwybod, yn ei deimlo ym mêr fy esgyrn, fod canrifoedd o gariadon wedi oedi yma, a chael fel fi, eu hudo'n llwyr.

Bethan Gwanas

Cyfnos yn Llynnau Cregennen.

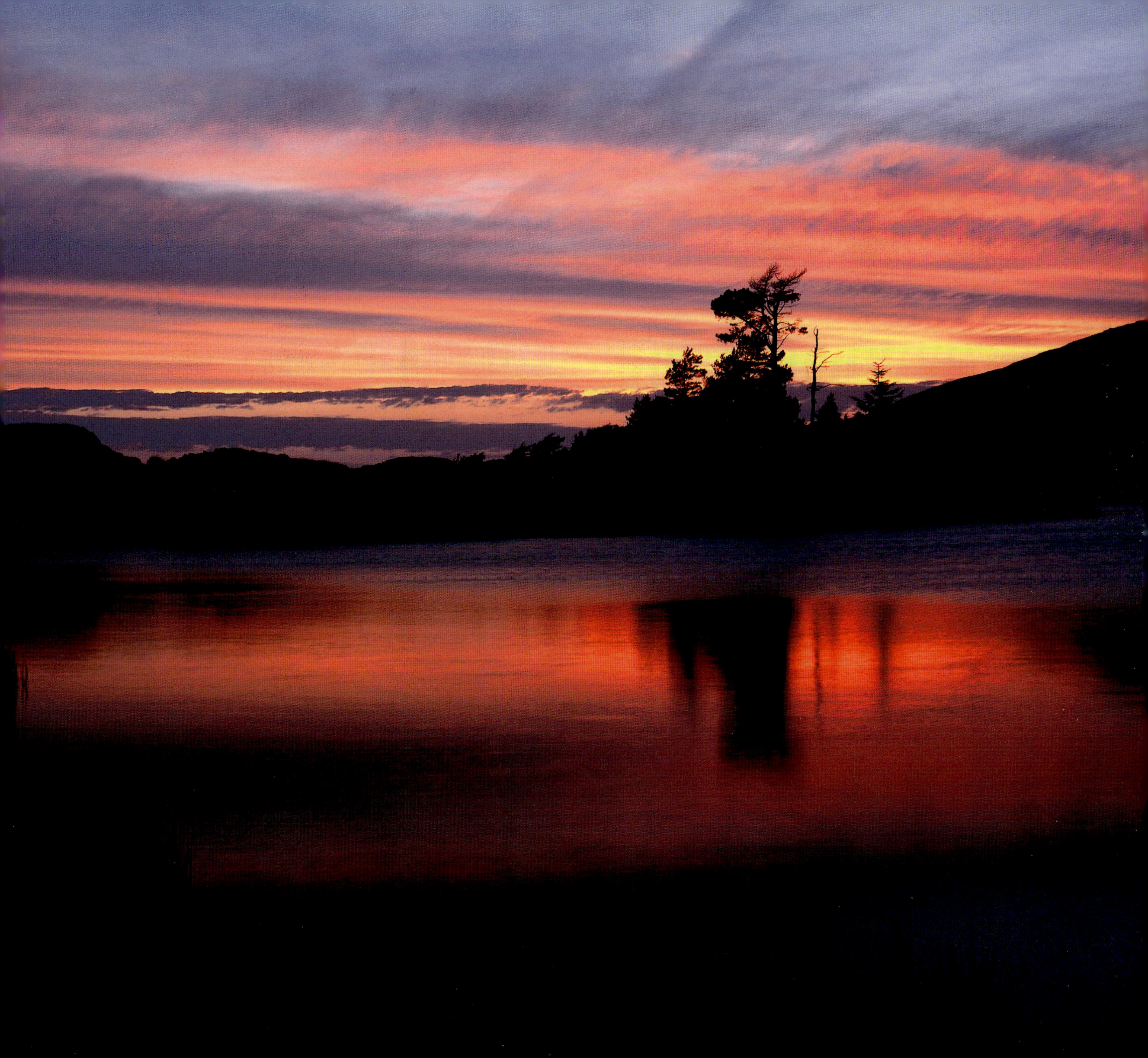

# Foel Senigl

Rwy'n ffermio 350 erw o dir uwchben Harlech ac yno y bûm i'n byw erioed. Rydw i wastad wedi bod wrth fy modd yn dringo i ben Moel Senigl, fymryn uwchlaw'r tŷ fferm. 'Wn i ddim am unman lle mae cystal golygfa i bob cyfeiriad. Ar ddiwrnod clir fe welwch chi Ben Llŷn; holl fynyddoedd Eryri; aberoedd Dwyryd a Dwyfor; Bae Aberteifi – a dau gastell, yn Harlech a Chricieth. Symud efo'r cloc wedyn ac fe ddewch at ardal a ddylai fod yn rhan o'r Parc Cenedlaethol yn fy marn i, sef Blaenau Ffestiniog. Rwy'n mwynhau egluro mai Eryri yw'r unig Barc Cenedlaethol efo twll yn ei ganol, ond rwy'n teimlo bod y twll hwnnw'n un pwysig, pwysig, oherwydd ei dreftadaeth ddiwylliannol ac fel atyniad i bobol ddiarth. Ymlaen wedyn, a dyna i chi gadwyn mynyddoedd y Rhinog, cerrig grut hynaf y byd, medden nhw. Daliwch ymlaen ac os byddwch chi'n lwcus fe welwch arfordir Sir Benfro. Mae hi'n olygfa werth chweil.

Yn nes adref, mae llawer o henebion ar y fferm ei hun, gan gynnwys pum maen hir. Tua milltir a hanner o'r fferm, mae Muriau Gwyddelod, sef cyfres o gytiau crynion lle'r oedd pobl yn byw yn yr oes Efydd. Maen nhw wedi bod yn cynnal cloddfeydd archaeolegol ar y tir, ac roedd gen i ddiddordeb mawr. Roedden ni newydd chwistrellu llain o dir i gael gwared ar y rhedyn, rywbryd ar ôl iddyn nhw fod yma'n cloddio, ac wrth fynd i hel y defaid un diwrnod mi sylwais ar rywbeth tebyg i gwt carreg arall. Un newydd oedd o, un nad oedd Gresham wedi sylwi arno ac erbyn hyn mae'n heneb gofrestredig.

Rwy'n cofio mynd i ben Moel Senigl flynyddoedd yn ôl pan oedd hi'n eira o'r gorllewin. Roedd y lonydd y ffordd hyn i gyd dan eira, wedi cau, eto prin roedd yna bluen ar gopa'r Wyddfa. Roedd hi'n eithriadol o oer ac er mai dim ond mil o droedfeddi uwch y môr yw hi, allwn i ddim aros yno'n hir y diwrnod hwnnw. Mae hi'n agored iawn ac fel unrhyw fan sydd ar drugaredd y fath dywydd, mae'n gallu bod yn llwm a digroeso iawn yno.

Ond ar dywydd braf, chewch chi unman gwell. Petai Eifion Wyn yn fyw heddiw, rwy'n siŵr na fyddai ots ganddo fy mod yn dwyn ei ddisgrifiad o Gwm Pennant a'i ddefnyddio ar gyfer fan hyn, fy hoff le: 'Pam, Arglwydd, y gwnaethost Gwm Pennant mor dlws / A bywyd hen fugail mor fyr?' Yr un teimlad ysbrydol sydd ar ben Moel Senigl. Ar noson lonydd – yr adeg orau o ddigon gen i – fe glywch chi rywfaint o sŵn traffig, gwnewch. Ond edrychwch o'ch cwmpas wedyn ar yr olygfa yn ei chyfanrwydd nes bod chi'n cyrraedd y Rhinogydd, a dim wedi cyffwrdd ynddyn nhw erioed. Foel Senigl: chewch chi unman gwell.

Caerwyn Roberts



Hafnos, Foel Senigl.

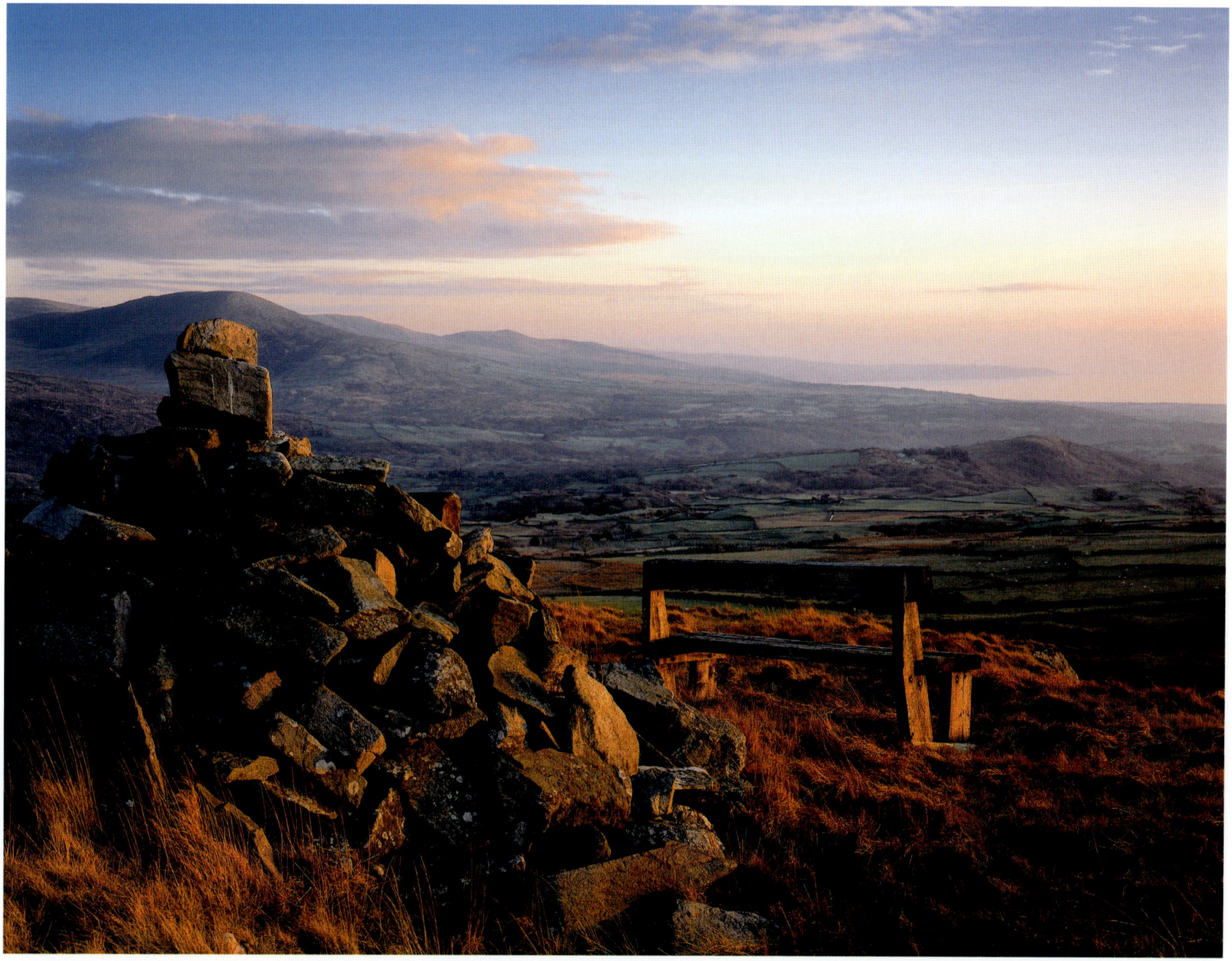

# Ar Fwlch Coch yr Wyddfa

Un o'r profiadau mwyaf cofiadwy a gefais yn Eryri oedd tua phum mlynedd ar hugain yn ôl, ac mae'r cyfan yn dal yn fyw iawn yn fy meddwl. Roeddwn i a ffrind i mi, Don Harris, yn cerdded Pedol yr Wyddfa – un o'r cribdeithiau gorau ym Mhrydain. Cychwynnodd ein taith ym Mhen-y-pàs ond buan y gadawsom lwybr Penygwryd i sgrialu i fyny'r Grib Goch, a dyna ni mewn niwl. Ar ben y Grib Goch, roedd hyd yn oed yn fwy trwchus a phrin y gwelem ddeg neu o bosib ugain troedfedd o'n blaenau. Doedd dim golwg ar y tir sy'n plymio mor ddisymwth y naill ochr i'r grib. Roedd y creigiau'n socian wlyb ac mor llithrig nes bod angen dal yn sownd â'n dwylo yn ogystal â throedio'n ofalus dros ben.

Ar ôl y pinaclau, mae'r grib yn lledu ac wedi disgyn ychydig daethom at ardal Bwlch Coch; lle cymharol wastad, glaswelltog. Oedi yma wnaethom ni, i gael ein gwynt atom cyn dechrau dringo at Garnedd Ugain, ail gopa'r Wyddfa. Roedd y cwmwl bron ar godi. O'n cwmpas, chwyrlïai'r niwl ac ambell dro caem gip ar y tir ymhell oddi tanom – cyn i'r niwl gau amdanom drachefn. Daeth rhannau o Lynnoedd Llydaw a Glaslyn i'r golwg am ennyd, a ffurfiau annelwig y cerddwyr ar Lwybr y Mwynwyr, fil o droedfeddi islaw.

Tra oeddem ninnau'n sefyll yno, yn y gobaith o weld rhagor o'r olygfa ar lawr gwlad, sylwodd y ddau ohonom ar ffenestri bychan yn agor yn y cwmwl uwchben. I'r dwyrain, yn gyntaf, ymddangosodd amlinell gyfarwydd Moel Siabod â'i lethrau'n wyrddion yn yr heulwen drwy'r niwlen frau – eiliadau'n unig cyn i'r llenni gau drachefn. Yna, wele bigau'r Glyderau, am eiliad fer, cyn diflannu o'r golwg. Syllodd y ddau ohonom yn fud ar y rhyfeddodau hyn, cipolwg ar ôl cipolwg ar gopaon y dwyrain yn yr haul, cyn troi a gweld yr un broses yn graddol ddadlennu golygfeydd y gorllewin. Daeth wynebau creigiog y Lliwedd i'r amlwg – yn dywyll a bygythiol, yn gysgod i gyd. Yn y pellter, trwy'r niwl mwyaf trwchus, gwelem fras amlinell yr Wyddfa, y copa ei hun. I'r gogledd, ymrithiodd rhannau o Ynys Môn y tu hwnt i'r Fenai.

Roedd ffenestri'n agor ar bob tu, yn fawr, yn fach. Dyma frwydr rhwng y cwmwl, y mynydd a'r haul: bodolaeth, prydferthwch a heulwen benben â'i gilydd i gyd. Fe fuom yno am ugain munud, hanner awr efallai, yn rhyfeddu ar y cyfan nes, yn y diwedd, y buom yn dyst i oresgyniad yr haul. Dim ond yr Wyddfa a guddiai ei phen yn y niwl bellach ac o dipyn i beth fe gliriodd hwnnw hefyd.

Roedd dod i weld y cyfan gam wrth gam fel hyn yn llawer mwy trawiadol na phetai harddwch a mawredd Eryri wedi ymddangos o'n blaenau i gyd ar yr un pryd. Does dim dwywaith mai fesul tipyn y mae gwir werthfawrogi'r cread, fesul tamaid, fesul cip bron rhy fychan i'w amgyffred.

Fel gwyddonydd, bûm yn archwilio rhyfeddodau'r cread gydol fy oes. Ond araf yr egyr ffenestri gwyddoniaeth, a mymryn bach yn unig a ddaw i'r fei bob tro. Hyn a hyn y gall cyfyngder ein meddyliau a'n hemosiynau ei amgyffred ar bob cam. Mor aml, 'gweld mewn drych yr ydym, a hynny'n aneglur'. Yn ôl Don, pan adawodd y ddau ohonom Fwlch Coch yn y diwedd, dyma a ddywedais yn syn: 'Rwy'n amau mai rhywbeth fel yna fydd y nefoedd!'

Sir John Houghton

Y Grib Goch, a Moel Siabod tu hwnt.

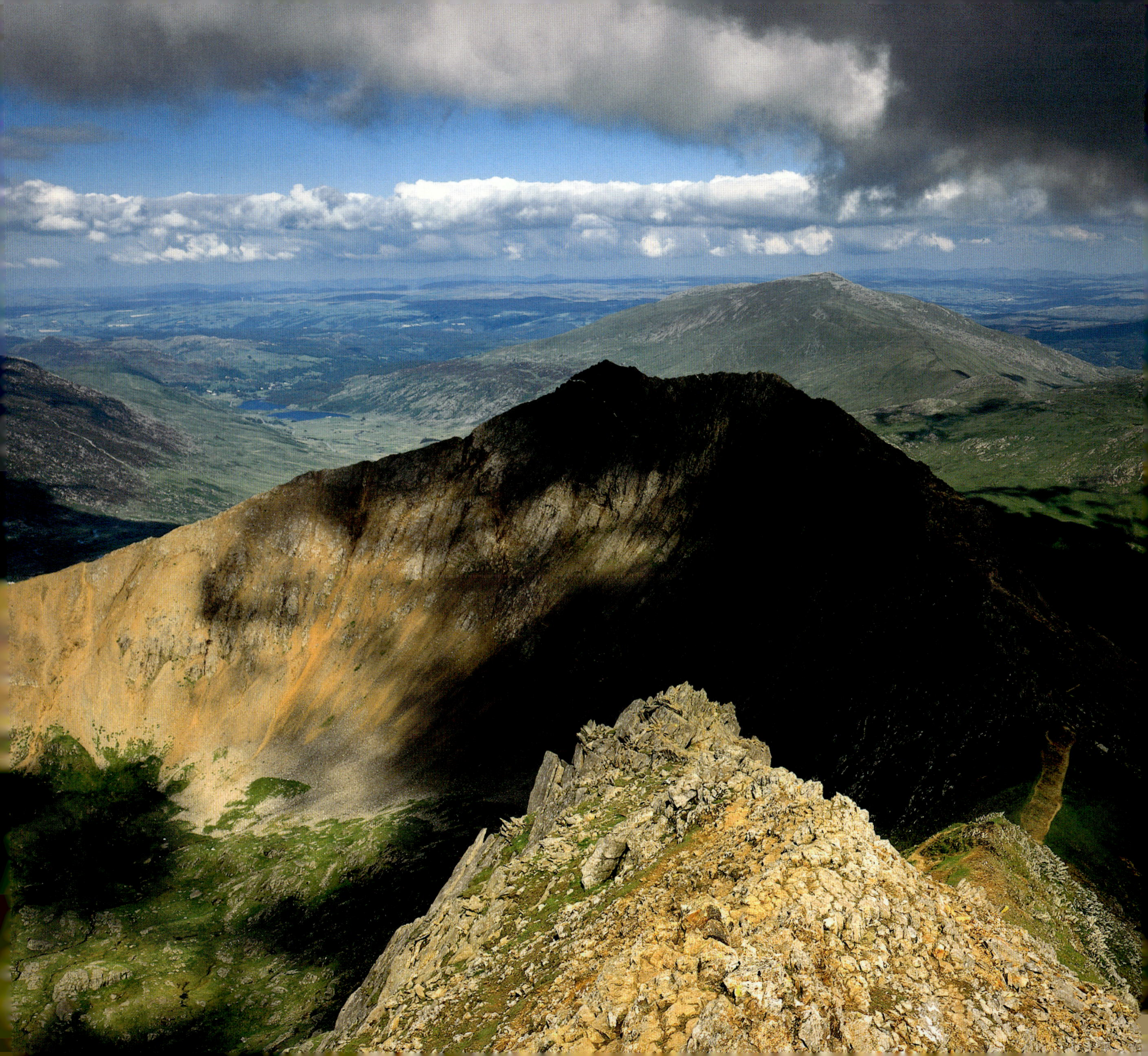

# Noson wrth Lyn y Foel

Dyma fi, wedi cau sip y babell fenthyg a'm bol yn llawn swper wedi'i baratoi ar stôf fenthyg. Fyddwn i ddim eisiau bod yn unman arall yn y byd. O'r diwedd, ar ôl treulio hanner fy oes yn amau'n gryf fy mod yn byw yn y lle anghywir, dyma fi wedi dod adref at fynyddoedd Eryri, yma i aros.

Moel Siabod: dyna sy'n cyfleu yr hyn sy'n arbennig am fynyddoedd Gogledd Cymru i mi. Mynydd bach perffaith; lle gwych i edrych ar lond y lle o fynyddoedd eraill; y copa cyntaf i'ch temtio wrth ddynesu at Eryri ar hyd yr A5, gyda chynifer o wahanol lwybrau i gyrraedd y brig a phob un yn arbennig. Ond yr un ffordd yr af i bob tro, a hynny heibio i Lyn y Foel.

Methu cysgu, er fy mod yng nghlydwch y babell. Teithiais fynyddoedd yr Himalaya a'r Andes, ond does dim i guro hyn. O'r diwedd, dyma fi wedi dod i fyw i Eryri ac yn cael cyfle i dreulio cyfnod yn eu plith. Dim ond y fi a'r bryniau. 'Mae dy babell di ar ddarfod ei hoes,' meddai 'nghyfaill Tom, 'cymer hon gen i.'

Noson gyntaf dan y sêr: dim dewis i mi ond Llyn y Foel. O Bont Cyfyng. Croesi'r rhostir a Siabod o'm blaen yn denu, ond 'd af i ddim i fyny ar f'union. Mae'n well gen i droi i'r chwith a cherdded heibio i'r llyn, yna i fyny heibio'r chwarel at Lyn y Foel. Dyma i chi lwybr sydd bob amser yn gwneud i mi feddwl am lyfr *Lord of the Rings* â theithiau brawychus y Ddaear Ganol: fyddai hi'n ddim syndod gen i weld *hobbit* neu ddau, neu gorachod ar ryw berwyl rhyfedd.

Dyma lle bûm yn dringo go iawn gyntaf erioed, flynyddoedd yn ôl, gyda chriw o ffrindiau a oedd wedi gweld y cyfan oll o'r blaen. Fe oedon ni yma'r adeg hynny hefyd, i edrych ar y Llyn, y cwm a'r clogwyni bendigedig. A dyma fi heno, yma'n gynnes fel tostyn (mae pabell Tom cyn hyned â f'un i, ond yn well peth o lawer!) yn gwirioni ar yr atgofion sydd gen i am yr holl adegau eraill y bûm i yma, yn hapus ar fy mhen fy hun, neu yng nghwmpeini braf gwahanol ffrindiau, perthnasau a chyfeillion.

Oedd gen i unrhyw syniad bryd hynny, y noson gyntaf honno wrth y Llyn, am yr holl adegau eraill y cawn fy nenu'n ôl? Y byddai'r lle lawn mor arbennig ymhen ugain mlynedd hir? Y byddai f'atgofion, maes o law, yn cynnwys y dyn a ddaeth yn dad i'm plentyn, a brithgof ein sgyrsiau bodlon wrth sgramblo hyd y grib o'r Llyn at y copa? A beth am y diwrnod pan ddaeth fy mab yma am y tro cyntaf, yn un ar ddeg oed, a gwirioni?

Mae yntau wrth ei fodd yma: mwynhad llwyr iddo yw teimlo fel petai yntau'n rhan o ffilm, yn crwydro'r Ddaear Ganol, yn barod am unrhyw her; mae'n cysgu'n dawel dan y sêr, a chyfarch y dydd yn wlyb gan wlith y bore. Cyflawni; cyrraedd; dod o hyd i'r ffordd; gweld pob man o ben ucha'r byd; dysgu am ffermio defaid a dibynnu arnoch eich hun: dyna fodlonrwydd. Y pleser o deimlo'n gartrefol, allan ar ochr y mynydd. Dyma, yn ddi-os, y rhodd orau y gall unrhyw un ei rhoi i'w blentyn.

Jenny James



Drama wrth Lyn y Foel.

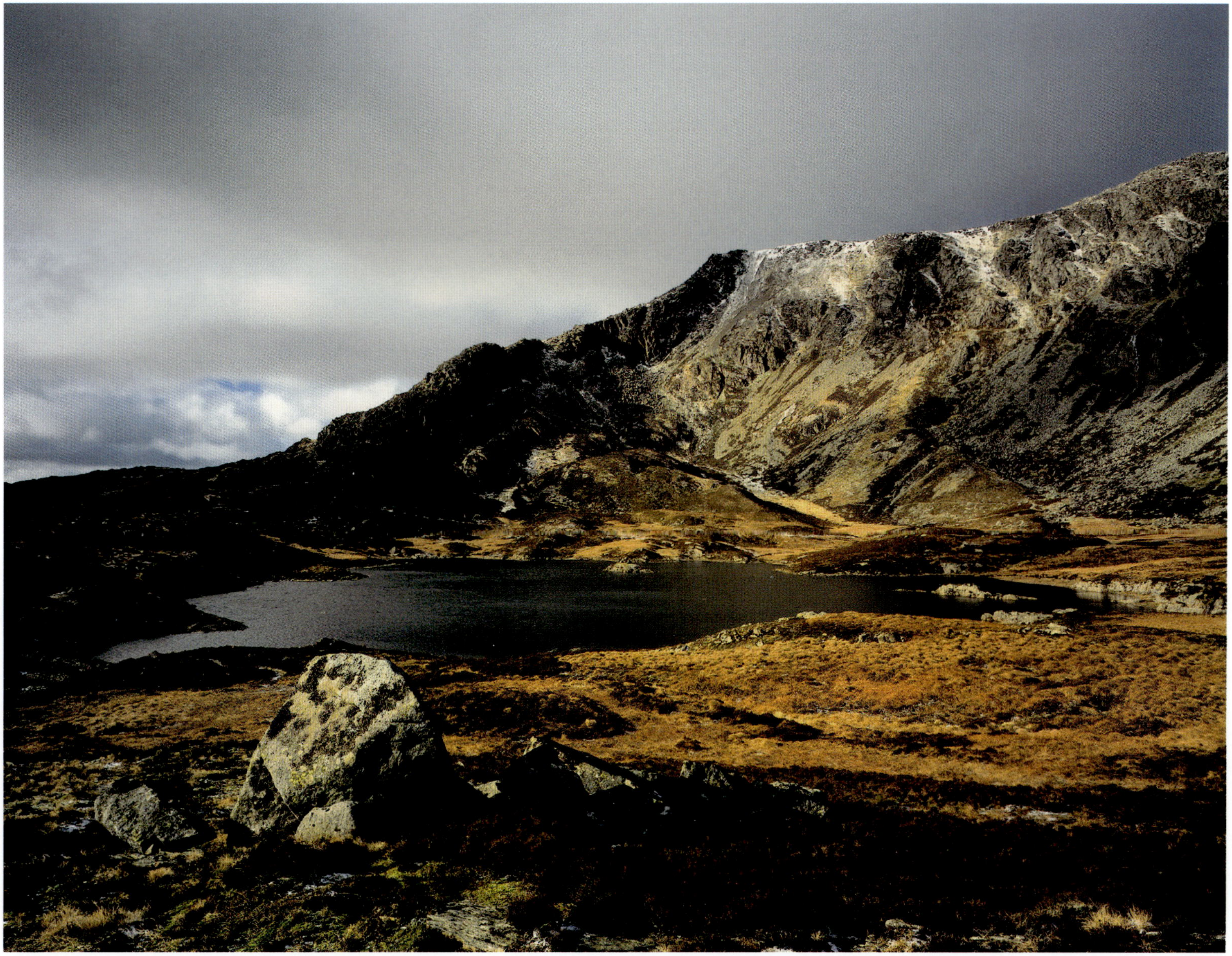

# Gwauncwmbrwynog

Ac wrth dy gyflwyno i Fab y Saer
Ac erfyn drosot, holaf yn daer
Beth a fyddi di, fy maban gwyn,
Wedi tyfu'n fawr ar y llethrau hyn?

Ai bugail defaid fel dy dad
A'r mynydd tawel iti'n stad?
Ynteu disgybl angau yn creu hafog
Yng Ngwauncwmbrwynog

R. Bryn Williams

Cwmbrwynog yw'r ardal rhwng tiroedd isel, glas Llanberis a chreigiau geirwon Clogwyn Coch a Chlogwyn Du'r Arddu. Dyma dir yn llawn hanes a thraddodiad a glodforwyd ar gerdd a chân.

Saif adfeilion capel Hebron wrth geg y cwm hynod hwn. Nythle hanes a diwylliant y gorffennol: mae'r holl le fel petai'n gwroli dan gysgod cwmwl, ond yn gwelwi'n gyfan gwbl yn llygad yr haul.

Yn y bedwaredd ganrif ar bymtheg, a'r ugeinfed ganrif wedi hynny, roedd crefydd yn rhan bwysig iawn o fywyd beunyddiol y Cwm. Cynhelid yr Ysgol Sul gyntaf ym mwthyn anghysbell Nant Ddu Bach, ac yn 1825 mynychai pymtheg ar hugain o blant yn selog. Yna, yn 1831, aberthodd cymuned dlawd y Cwm i adeiladu'r capel ac ymateb i'w galw am grefydd.

Mae'n debyg fod tywysogion Cymru yn arfer ymgynnull ar Foel Cynghorion i drafod goresgyn Edward y Cyntaf a'i luoedd. Mae olion naw o hendrefi canoloesol, cytiau crynion yr haf, wrth droed Cynghorion yn arwydd o'r ffordd y brwydrodd ein cyndadau i grafu bywoliaeth brin o'r pridd. Yn y bedwaredd ganrif ar bymtheg ac yn gynnar yn yr ugeinfed ganrif daeth y mwyngloddwyr copr ac yna'r chwarelwyr llechi i greithio'r mynydd. Mae'r hen chwarel dan Bont Reilffordd Half-way yn dangos mor ddidostur oedd rhai o landlordiaid diegwyddor y cyfnod hwnnw. Wedi blynyddoedd o gloddio llechfaen gwael o'r llechwedd, bu'n rhaid i'r gweithwyr adael ffrwyth eu llafur heb werthu'r un llechen. Hyd heddiw, mae rhesi ar resi o lechi wedi'u hollti a'u naddu yn gyfrolau llwydion yno, prin i'w gweld dan gen a mwsogl, ond yno o hyd.

Daeth diwydiant a rhyfyg dynion â llygredd a difrod yn eu sgil. Buan y boddwyd synau'r chwarelwyr gan Reilffordd yr Wyddfa tua chanol yr 1890au. Syniad rhyfedd yr Arglwydd Assherton-Smith oedd hwn, sef meistr stad y Faenol ac un o uchelwyr cyfoethocaf Cymru. Tybed ai ffuantrwydd ar ei ran oedd mynnu adeiladu'r rheilffordd dros ganrif yn ôl? Eto, efallai mai dyn o flaen ei gyfnod ydoedd. Bellach, dyma un o brif atyniadau twristiaeth Cymru, a chyflogwr amlwg i'r to newydd yn Llanberis. Fe welwn i chwith ar ôl y ceffylau dur o'r Swistir, â'u hwffian a'u pwffian, yn enwedig o gofio hymian dieneiniad injans diesel y jygarnots Hunslet sydd i'w cael y dyddiau hyn. Serch hynny, rwy'n sicr y byddai'r Parchedig Ganon H. O. Rawnsley o'r Bermo, yr unig un a gododd ei lais yn erbyn y rheilffordd yn 1894, yn derbyn llawer mwy o gefnogaeth heddiw petai rhyw lord arall yn bwriadu anrheithio'r dyffryn yn y fath fodd.

Daeth yr Ail Ryfel Byd i darfu ar heddwch Cwmbrwynog hefyd a chododd y Fyddin Brydeinig bedwar maes tanio concrit, hyll ar draws gwaelod y cwm. Yn ôl rhai, dylid eu dymchwel. Mae eraill yn credu y dylent aros, yn rhybudd i bawb rhag ynfydrwydd dyn a'i arfau.

Ken Jones

Capel Hebron, Llanberis.

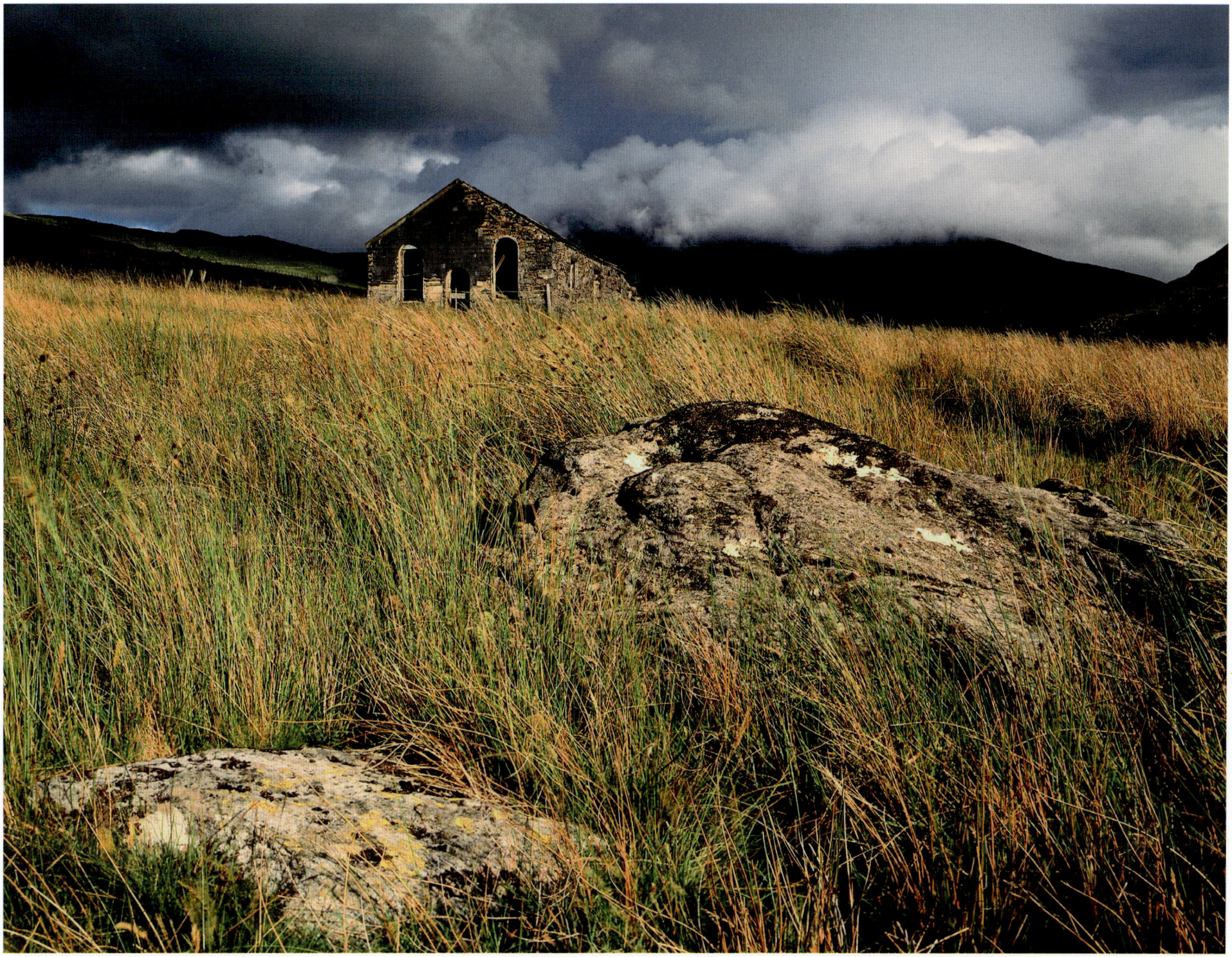

# Hen Eglwys Llangelynnin

Un diwrnod, bron i ddeng mlynedd ar hugain yn ôl, roeddwn yn crwydro'r sgafell uchel o dir pori, y tir comin, sydd y tu ôl i Gonwy, pan ddigwyddais daro ar hen eglwys. Yn isel a llwyd, wedi'i hamgylchynu gan wal gerrig sychion, roedd hi bron yn organig, fel petai wedi tyfu o'r tir o'i hamgylch. Yn ddi-os, o ryw chwarel leol y daethai'r cerrig ac ni fyddai derw'r distiau wedi teithio ymhell. Rhwng cerrig bedd y fynwent, nid peiriant oedd yn torri'r glaswellt ond defaid! Y tu mewn – ni fu ei symlach – seddi, bedyddfaen carreg, darllenfa ag arno hen gopi darniog o Feibl William Morgan, organ flinedig, a rhyw arysgrif Cymraeg bron â diflannu ar y mur y tu ôl i'r allor. Fawr ddim arall. Fe'm cyfareddwyd gan y gwacter, y tawelwch a'r ymdeimlad cryf fod hwn yn fan, o gyfieithu ymadrodd T.S. Eliot, 'lle bu gweddi'n ddilys'.

Yr hyn sy'n gwneud Eryri'n unigryw i mi yw cyfoeth yr hanes dynol sydd yma ym mhobman, o'r cromlechi Neolithig i drugareddau'r dringwyr. Prin y bod unman gwell na Hen Eglwys Llangelynnin am ddangos y cysylltiad a fu rhwng dyn a'r dirwedd dros genedlaethau fyrdd. Eto, dyma hefyd rywle sy'n ein hatgoffa mor wag yw'r bryniau, bellach. Codwyd yr eglwys wreiddiol yn y drydedd ganrif ar ddeg; erbyn y bymthegfed ganrif a'r ganrif wedi honno, roedd angen ei hehangu gan gymaint twf y boblogaeth gyfagos. Ychydig sy'n byw ar y topiau, bellach. Mae adfeilion ffermydd yn britho'r llethrau, a synnwn i ddim nad yw'r tiroedd uchel yn wacach heddiw nag y buont ers pedair mil o flynyddoedd. Mae yma gylchoedd cerrig, meini hirion a hen, hen lwybrau yn dyst i orffennol cynhanesyddol pan oedd yr hinsawdd yn gynhesach a sychach. Tybed a oedd y ffynnon sydd yng nghornel y fynwent yn ffynnon iachusol yn ôl yn nyddiau pobl yr oes Efydd; neu'n gartref i un o dduwiau'r Celtiaid hyd yn oed? Pan gyrhaeddodd Sant Celynnin o Iwerddon, byddai'n gwneud synnwyr iddo ymsefydlu ger safle a oedd eisoes yn un cysegredig. Gwta hanner can troedfedd o'r ffynnon mae cylch cwt mawr. Y dyddiau hyn, mae'r gweunwellt yn ei guddio, ond pwy a ŵyr nad dyma ei gell.

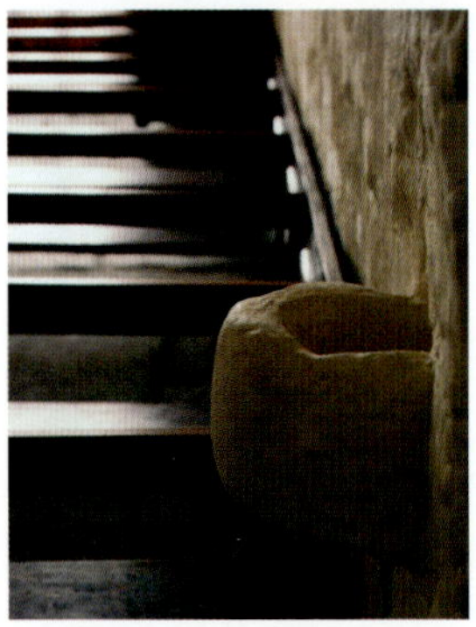

Heddiw, mae pobl yn dal i ddefnyddio'r eglwys. Bydd blodau ffres ar yr allor bob yn hyn a hyn. Un Sul y mis yn yr haf mae oedfa'r prynhawn, a bydd criw da yno'n amlach na pheidio, yn eu hesgidiau cerdded a'u welingtons, a chi neu ddau yn gorffwys wrth draed eu meistres. Bydd heulwen yn dylifo drwy'r ddôr agored ac ambell dro, pan fydd y dydd ar ei dawelaf, clywir cân y deryn du tu hwnt i'r drws. Fel hyn y dylai hi fod. Yn eglwysi'r Celtiaid, roedd Dyn yn dal yn rhan annatod o natur. Weddill yr amser, gwelaf o'r llyfr ymwelwyr nad fi yw'r unig un i deimlo'r rhin, heb angen na defod na gwasanaeth. Mae yma osteg; y gosteg hwnnw sydd mor ddiflanedig yn ein bywydau prysur, di-hid. Efallai mai'r hyn a deimlwn yw hanfod yr hyn a'i gwnaeth yn ffynnon sanctaidd ymhell, bell yn ôl; rhywbeth dirgel, y tu hwnt i'n cyrraedd, ond sydd yma, er hynny, o hyd.

Rob Collister

Noddfa, Hen Eglwys Llangelynnin.

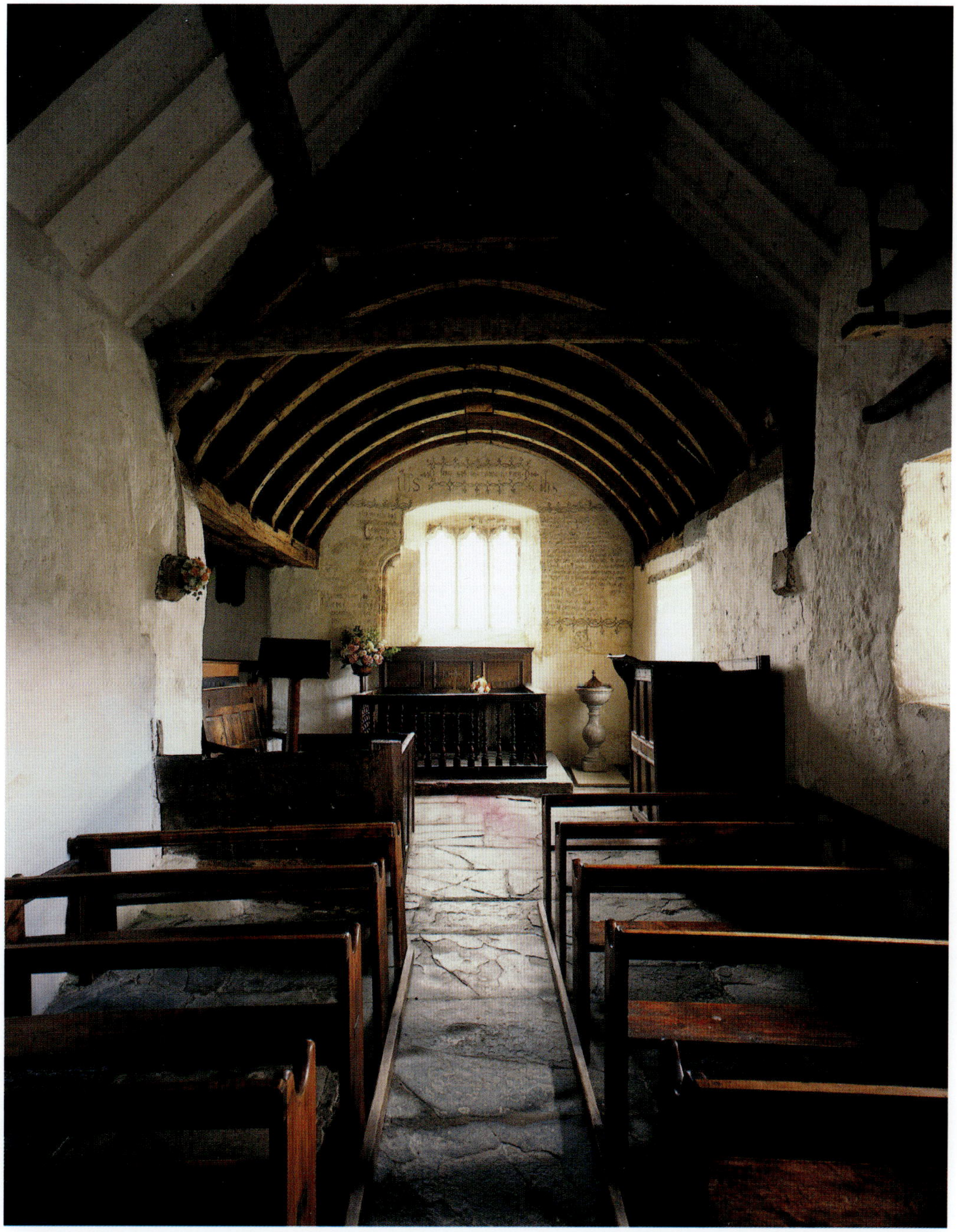

# Ynys Llyn Glas

Ynys fechan yn un o lynnoedd lleiaf Eryri. Werddon fach yn nythu dan glogwyni tywyll, bygythiol y Grib Goch a Chlogwyn y Person, yn uchel uwch Dyffryn Peris.

Yn y gwanwyn, ddaw yna ddim defaid i'r ynys; fe fydd hi'n wyrdd ir, yn un blagur o flodau melyn, yn ddarn o haul yn erbyn y tir diffaith a'r borfa brin o'i hamgylch.

Un goeden, ar drugaredd y gwynt; encil i adar y mynydd.

Ond fynychaf, ym misoedd oer y Gaeaf, bydd y llyn fel carreg a llun y tonnau'n llonydd, fel petai Gwrach y Gogledd wedi cydio yn ei hudlath a bwrw hud dros y dŵr . . .

Wrth ymlwybro trwy niwl y mynydd neu wynt llawn eira, i lawr o bellafion Cwm Glas neu uchelfannau Bwlch Coch, os gwyddoch lle i chwilio fe fydd y llyn a'r ynys yno, fel hen ffrindiau, i'ch croesawu'n ôl i ddiogelwch y tir isel, i'ch cyfarch gartref.

Noddfa, hafan – lle i gilio dro rhag breuder bywyd beunyddiol at fodolaeth fythol fregus yn y mynyddoedd.

Nikki Wallis

Cyfnos Arthuraidd, Llyn Glas.

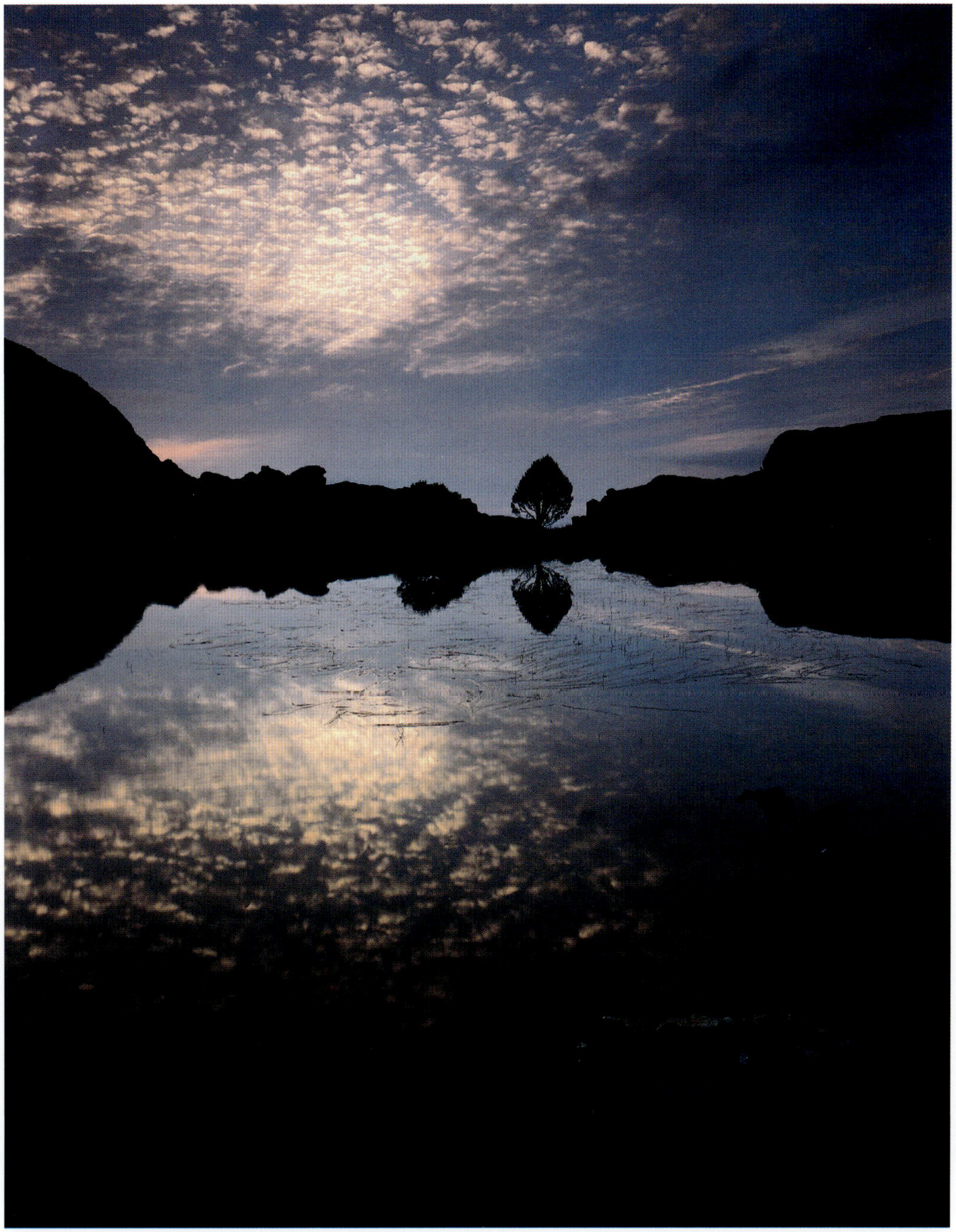

## Nodiadau ar Gyfranwyr

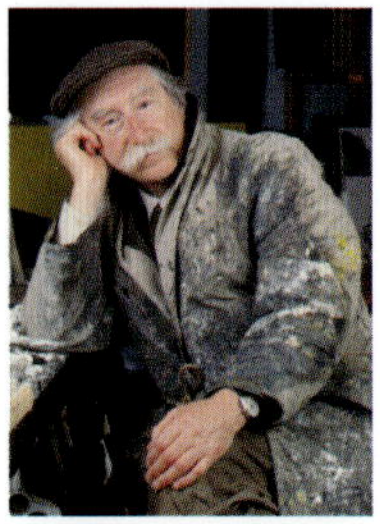

### Syr Kyffin Williams (t. 12-13)

Ganed Kyffin Williams R.A. yn Llangefni, Ynys Môn yn 1918, a daeth i fri rhyngwladol fel arlunydd ag arddull nodedig iawn. Wedi canfod ei fod yn dioddef o epilepsi yn 1941, daeth ei yrfa filwrol yn y Ffiwsilwyr Brenhinol Cymreig i ben. Yn dilyn hynny fe drodd at baentio, gan astudio yn Ysgol Celfyddyd Gain Slade yn Llundain cyn cyfuno paentio â dysgu celf yn Ysgol Highgate am flynyddoedd, gan ddychwelyd i Gymru yn 1974. Derbyniodd lawer o anrhydeddau, yn eu plith D.Litt. gan Brifysgol Cymru, Medal Anrhydeddus Cymdeithas y Cymmrodorion, Medal Glyndŵr a Medal Cymdeithas Celf Gyfoes Cymru. Ef yw Llywydd yr Academi Frenhinol Gymreig a Dirprwy Raglaw Gwynedd.

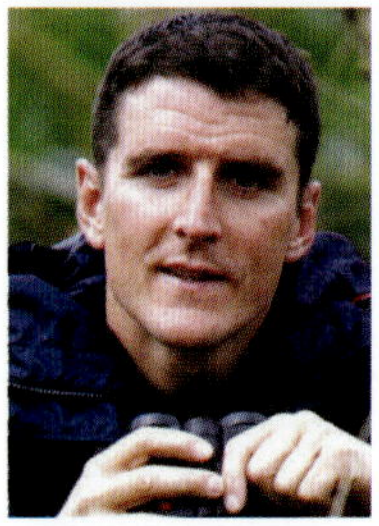

### Iolo Williams (t. 14-15)

Yn Llanfair-ym-Muallt y ganed Iolo Williams a threuliodd y rhan fwyaf o'i blentyndod yn Llanwddyn. Ar ôl dilyn cwrs gradd mewn ecoleg, bu'n gweithio am gyfnod byr ym myd amaeth a choedwigaeth cyn ymuno â staff yr RSPB yng Nghanolbarth Cymru. Deuai ceisiadau mynych iddo gyfrannu at raglenni radio a theledu, felly gadawodd yr RSPB ar ôl pedair blynedd ar ddeg a hanner i weithio'n llawn amser yn y cyfryngau. Ers hynny daeth yn adnabyddus fel cyflwynydd cyfresi teledu Cymraeg a Saesneg, yn eu plith *Wild Wales*, *Wild Winter*, *Special Reserves*, *A Natural History of Wales*, *Crwydro* a *Teithiau Tramor Iolo*. Mae'n briod a chanddo ddau o feibion.

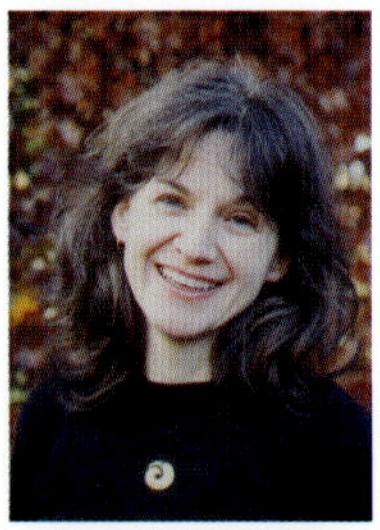

### Sian Roberts (t. 16-17)

Wedi treulio ei phlentyndod yn chwarae yn ardal Penrhyndeudraeth, Afon Dwyryd a'r bryniau oddi amgylch, yn ôl Sian Roberts ei hun mae hi wedi 'treulio gweddill [ei] bywyd fel oedolyn yn chwarae yng ngweddill Eryri'. Ar ôl rhai blynyddoedd yn rhedeg mynydd, symudodd at rasio beiciau mynydd a theithiodd i bedwar ban y byd yn cystadlu ar ran tîm Prydain. Fel ffordd o ennill ei bywoliaeth, penderfynodd Sion Parri, Dafydd (ei gŵr) a Sian sefydlu Beics Betws ym Metws-y-coed. Ers hynny, mae hi a Dafydd wedi datblygu Coed-y-Brenin yn ganolfan beicio mynydd nodedig.

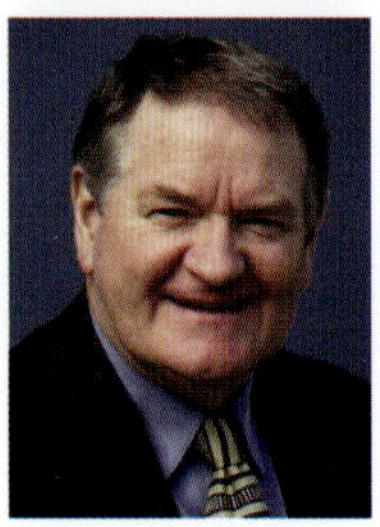

### Dafydd Iwan (t. 18-19)

Ganed Dafydd Iwan ym Mrynaman yn 1943, cyn symud i Lanuwchllyn yn 1955, ble'r oedd ei dad yn weinidog. Cafodd ei addysg gynnar yn Ysgol Tan Domen yn y Bala, yna bu'n astudio yng Ngholeg Prifysgol Aberystwyth ac Ysgol Bensaernïaeth Cymru, Caerdydd. Ef oedd Cadeirydd Cymdeithas yr Iaith Gymraeg rhwng 1968-71 ac fe'i carcharwyd fwy nag unwaith am ei ran yn ei hymgyrchoedd. Er 2003 bu'n Llywydd ac Arweinydd Plaid Cymru. Mae'n gyfansoddwr a chanwr amlwg ac yn un o gyfarwyddwyr cwmni Sain, sy'n cyflogi 40 o bobl yng nghyffiniau Caernarfon. Mae'n briod â Bethan ac mae ganddynt ddau o blant. Mae ganddo dri o blant o'i briodas gyntaf hefyd.

**Yr Arglwydd Dafydd Elis Thomas** (t. 20-21)

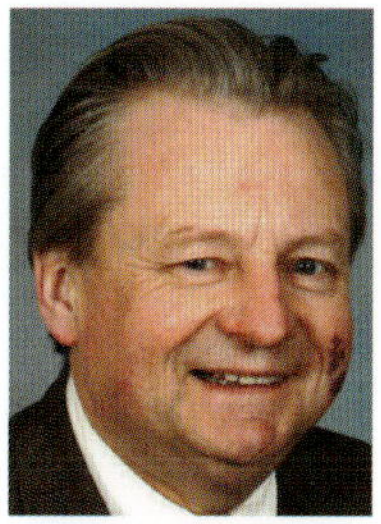

Yr Arglwydd Dafydd Elis Thomas yw Llywydd cyntaf Cynulliad Cenedlaethol Cymru. Gynt yn ddarlithydd prifysgol, fe'i dyrchafwyd yn Arglwydd am Oes yn 1992 ar ôl gwasanaethu fel Aelod Seneddol dros Feirionnydd 1974-1983 a Meirionnydd Nant Conwy 1983-1992. Bu'n Gadeirydd Bwrdd yr Iaith Gymraeg 1994-1999 ac yn aelod o Gyngor Celfyddydau Cymru a Sefydliad Ffilmiau Prydain. Bu'n Gadeirydd Sgrîn 1992-99 ac yn gyn-gyfarwyddwr ac Is-gadeirydd Cynefin Environmental Cyf. dros yr un cyfnod. Mae'n aelod o Gorff Llywodraethol yr Eglwys yng Nghymru a bu'n Llywydd Prifysgol Bangor er 2000.

**Louise Thomas** (t. 22-23)

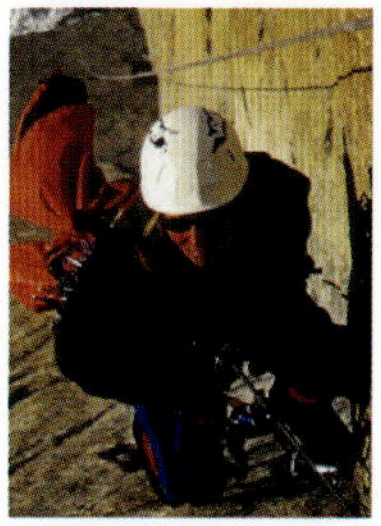

Louise Thomas yw Prif Hyfforddwraig Plas-y-Brenin, y Ganolfan Fynydda Genedlaethol a hi yw Is-lywydd Clwb Mynydda Prydain. Hyfforddi'n athrawes wnaeth hi'n wreiddiol ond bellach fe gymhwysodd fel Tywysydd Mynydd Rhyngwladol a Hyfforddwr Mynydd. Mae hi'n ddringwraig frwd dros ben gyda phrofiad helaeth ledled Prydain a'r Alpau. Fe fu ar nifer fawr o deithiau dringo dramor, gan fod gyda'r cyntaf i ddringo rhai mynyddoedd yng Ngwlad Iorddonen, Patagonia, Pacistan, Borneo, yr Ynys Las, Ynys Baffin, Norwy, Madagasgar a Mali, yn ogystal â dringo llwybrau clasurol yn Yosemite a Cholorado.

**Ieuan Wyn** (t. 24-25)

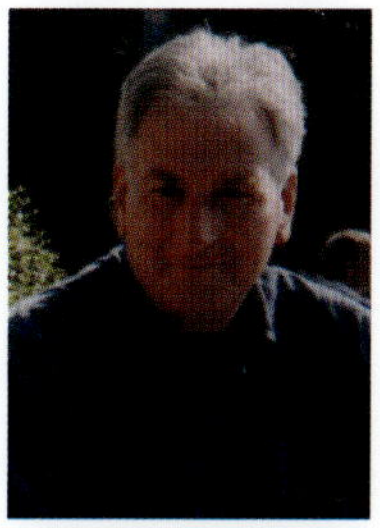

Ganed Ieuan Wyn yn Nyffryn Ogwen yn 1949. Derbyniodd ei addysg gynradd ac uwchradd yn yr ardal, ac ar ôl cymhwyso'n athro yn y Coleg Normal, Bangor, bu'n dysgu mewn ysgolion cynradd yn Aberaeron, Llandudno, Tregarth a Llanrug. Ymddeolodd o fyd addysg yn 2004. Mae'n briod â Blodeuwedd, a chanddynt ferch a dau fab. Enillodd y Gadair yn Eisteddfod Genedlaethol Cymru yn 1987 a chyhoeddodd gyfrol o gerddi, sef *Llanw a Thrai*. Mae'n gyd-olygydd *Y Faner Newydd*, chwarterolyn cenedlaethol, ac ef yw Ysgrifennydd Cylch yr Iaith.

**Barbara Jones** (t. 26-27)

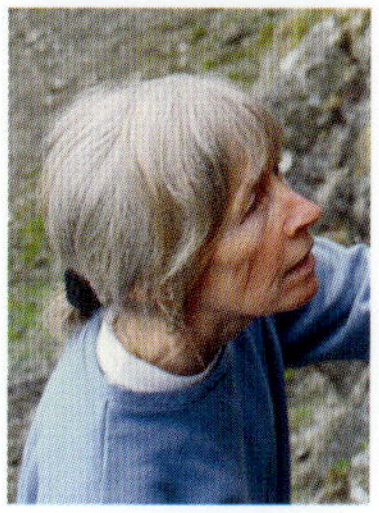

Bu gan Barbara Jones ddiddordeb oes mewn sawl agwedd ar fynyddoedd, gan gynnwys eu geomorffoleg, ecoleg a llystyfiant. Treuliodd oriau difyr yn fforio, dringo a cherdded yn Eryri, yn ogystal â sawl cadwyn o fynyddoedd eraill ledled y byd. Er 1985, bu'n gweithio i'r Cyngor Gwarchod Natur a Chyngor Cefn Gwlad Cymru (CCGC) yn yr Alban ac yng Ngogledd Cymru, ac ar hyn o bryd hi yw Ecolegydd Ucheldiroedd Cymru ar ran CCGC. Yn sgîl gwaith ymchwil diweddar i ecoleg, geneteg a gwarchodaeth Lili'r Wyddfa, cynyddodd ei diddordeb a'i harbenigedd mewn fflora clogwyni, mynyddig ac arctig-alpinaidd.

**Jane Pullee (t. 28-29)**

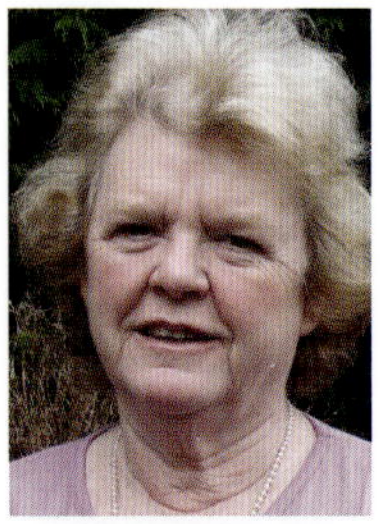

Ganed Jane Pulley yn Prestwich, a phan oedd hi'n bedair oed fe brynodd ei rhieni Westy Pen-y-Gwryd, Nant Gwynant. Bu honno'n fenter hynod lwyddiannus a ddaeth i amlygrwydd pan gafodd ei ddewis yn ganolfan hyfforddi yn Eryri ar gyfer tîm Everest 1953. Ar ôl gadael cartref, mynychodd goleg ysgrifenyddol yn Llundain a mynd yn gynorthwy-ydd personol i William Donaldson, impresario a chynhyrchydd *Beyond the Fringe*. Yn ddiweddarach gweithiodd i BOAC am ddeng mlynedd, yn gyntaf fel stiwardes ac yna yn yr adran farchnata. Ond, pan soniodd ei rhieni am werthu Pen-y-Gwryd, gwyddai fod raid iddi ddychwelyd i Gymru. Gyda'i thad i ddechrau, y mae hi a'i gŵr, Brian, wedi rhedeg Pen-y-Gwryd er 1975. Mae ganddynt ddau o feibion.

**Ronwen Roberts (t. 30-31)**

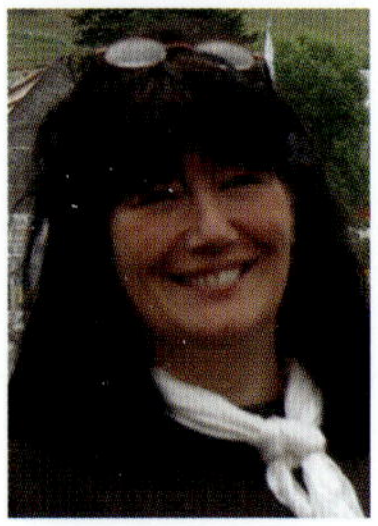

Ganed Ronwen Roberts yn 1954 a chafodd ei magu ym Mlaenau Ffestiniog ble mae hi'n gweithio bellach i Gymorth i Fenywod. Yn 1969 pan oedd hi yn Ysgol y Moelwyn, penderfynodd yr athro daearyddiaeth, Del Davies, ffurfio clwb cerdded/dringo a oedd yn cwrdd yn rheolaidd. Bu Del yn ysbrydoliaeth i Ronwen a myfyrwyr eraill fynd ati i ddringo a cherdded, yn lleol ac mewn mannau gwyllt eraill yn Eryri. Mae hi'n un o sylfaenwyr Grŵp Gwarchod Rhosydd (carfan bwyso a ffurfiwyd i herio chwarelydda yn y Moelwynion), a bu'n gwasanaethu hefyd ar Bwyllgor Gwaith Cymdeithas Eryri. Gyda rhai o'r bobl leol eraill, mae hi wrthi ar hyn o bryd yn ffurfio clwb cerdded/awyr iach ar gyfer pobl ifanc ym Mlaenau Ffestiniog.

**Kim Burnham (t. 32-33)**

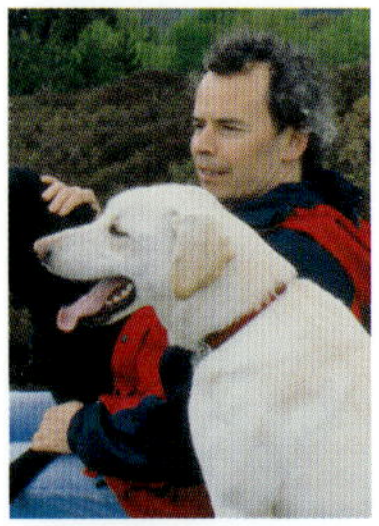

Ymunodd Kim Burnham â'r Comisiwn Coedwigaeth yn 1987 a bellach ef yw rheolwr rhanbarthol Eryri ac Ynys Môn. Fe'i ganed yn Stamford, Swydd Lincoln. Yn 1982 symudodd i Fangor i astudio ar gyfer gradd mewn Amaethyddiaeth a Choedwigaeth. Ac eithrio'r tair blynedd a dreuliodd yn gweithio yn Nepal ar Raglen Gymunedol Adfywio'r Fforestydd, ni adawodd Gymru ers hynny. Mae'n aelod o Dîm Achub Mynydd Dyffryn Ogwen. Mae'n byw gyda'i wraig a'i ddau fab yng nghanol y Goedwig uwchben Betws-y-coed ac yn treulio'i amser yn y goedwig neu'n dringo.

**Kathryn Davies (t. 34-35)**

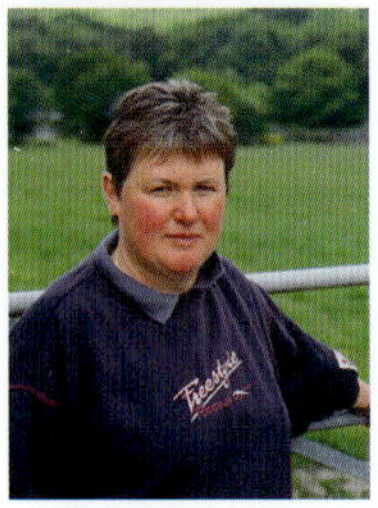

Ganed Kathryn Davies ar fferm fynydd ym Mhenffordd-las, ger Llanidloes ym Mhowys. Ar ôl cyfnod yn ysgol breswyl Dr Williams yn Nolgellau, dilynodd gwrs cyn-nyrsio mewn Coleg Technegol yn y Drenewydd, Powys, a hyfforddiant fel nyrs (cyffredinol) yn Ysbyty Brenhinol Amwythig. Cyfarfu â'i gŵr trwy'r Mudiad Ffermwyr Ifanc, fe'u priodwyd yn 1985 ac mae ganddynt ddau o blant. Ar hyn o bryd, mae hi'n gweithio yn y tŷ yn ogystal â helpu allan ar y fferm, yn enwedig gyda'r da byw. Ers nifer o flynyddoedd bellach bu'n feirniad Gwobr Ffermio a Thirwedd Cymdeithas Eryri bob yn eilflwydd.

**Anne Lloyd-Jones (t. 36-37)**

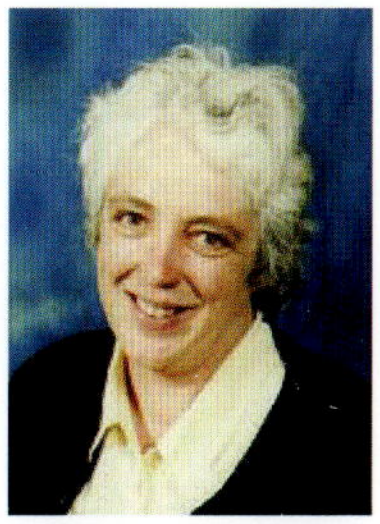

Ganed Anne Lloyd-Jones yn Nyffryn Dysynni yn 1951 a chafodd ei haddysg ym Mryn-crug, Croesoswallt, Dolgellau a Llundain, cyn dychwelyd i Gymru yn 1972. Mae hi'n rhedeg busnes twristiaeth fferm a bu'n Gadeirydd Twristiaeth Canolbarth Cymru er 2001. Mae hi hefyd yn weithgar gyda gwleidyddiaeth leol, yn aelod o Gyngor Tywyn (yn gyn-Faer) a hefyd yn Gynghorydd Sir Gwynedd. Mae'n un o sylfaenwyr ac Is-gadeirydd Partneriaeth Economaidd Gwynedd, yn aelod o banel CAE Parc Cenedlaethol Eryri, ac yn ymwneud â llawer o sefydliadau elusennol yn yr ardal. Mae ganddi hi a'i gŵr John (Cadeirydd CCGC) dair merch.

**Merfyn Williams (t. 38-39)**

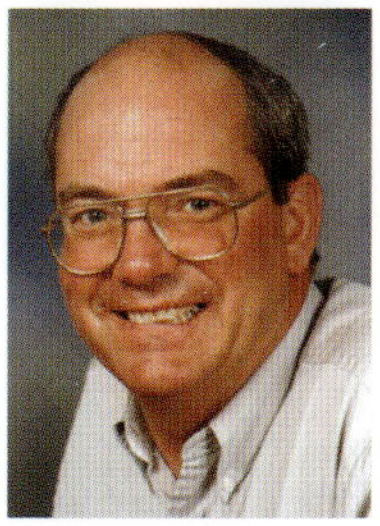

Daeth Merfyn Williams yn Gyfarwyddwr Gweithredol Cynnal Cymru, sef Fforwm Datblygu Cynaliadwy Cymru yn 2003, yn dilyn naw mlynedd fel Cyfarwyddwr Ymgyrch Diogelu Cymru Wledig. Ymysg ei swyddi blaenorol y mae Pennaeth Canolfan Astudio Parc Cenedlaethol Eryri ym Mhlas Tan-y-Bwlch, Uwch Ddarlithydd mewn Materion Amgylcheddol yn y Coleg Normal, Bangor a Chyfarwyddwr y Diploma Ôl-raddedig mewn Rheoli Cefn Gwlad. Ysgrifennodd am Archaeoleg Ddiwydiannol a Chadwraeth Cefn Gwlad ac ef yw awdur yr arweinlyfr swyddogol i Eryri (2002). Mae'n byw yng Nghroesor, yn perthyn i Ymddiriedolaeth Portmeirion ac ef yw Cadeirydd cyntaf Menter Llanfrothen, sef cymdeithas bentref a brynodd siop y pentref a'i hailsefydlu ar egwyddorion ecolegol.

**Gwyn Thomas (t. 40-41)**

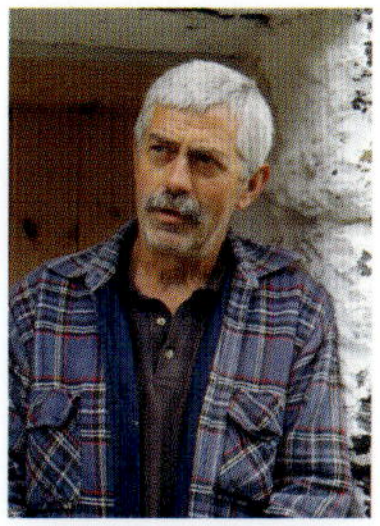

Bu Gwyn Thomas yn ffermio ym Mlaen-y-Nant, Nant Ffrancon er 1996. Cafodd ei eni a'i fagu uwchben Gerlan. Ar ôl astudio yng Ngholeg Amaethyddol Glynllifon, ger Caernarfon, treuliodd wyth mlynedd yn gweithio ar wahanol fathau o ffermydd cyn penderfynu mai bugeilio oedd yn mynd â'i fryd. Bu'n fugail yn Nolawen, Nant Ffrancon, am dair blynedd ar ddeg cyn dechrau gweithio ar ei liwt ei hun, gyda defaid a gwartheg. Yn ystod y cyfnod hwn roedd yn ymwneud llawer â Blaen-y-Nant a daeth i garu'r ardal. Mae'n gredwr cryf mewn amaethu sy'n gofalu am yr amgylchedd. Erbyn hyn mae Blaen-y-Nant yn enwog am ei chig eidion a'i chig oen organig yn ogystal â'r croeso a roddir yno i'r cyhoedd a grwpiau ysgolion.

**Warren Martin (t.42-43)**

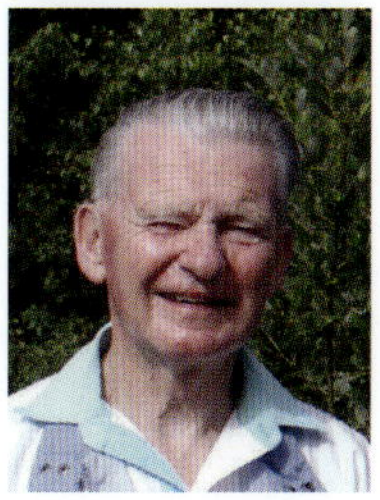

Cafodd Warren Martin ei fagu yn Llanfairfechan. Ar ôl gwasanaethu yn y Fyddin yn y Dwyrain Pell, bu gyda'r Heddlu Trefedigaethol yn Kenya (ble'r oedd yn un o sylfaenwyr Cymdeithas Bywyd Gwyllt Kenya). Yn 1962 daeth yn Brif Warden cyntaf adran Sir Gaernarfon o Barc Cenedlaethol Eryri. Ymunodd â'r Cyngor Gwarchod Natur fel Warden Wrth Gefn yn 1966, gan ddod yn Brif Warden yn 1971. Parhaodd yn y swydd honno wrth i'r Cyngor Gwarchod Natur droi'n Gyngor Cefn Gwlad Cymru, gan ymddeol yn 1995. Penodwyd ef yn aelod o Awdurdod Parc Cenedlaethol Eryri yn 1997 ac ar hyn o bryd ef yw'r Is-gadeirydd. Mae'n Is-lywydd Cymdeithas Eryri.

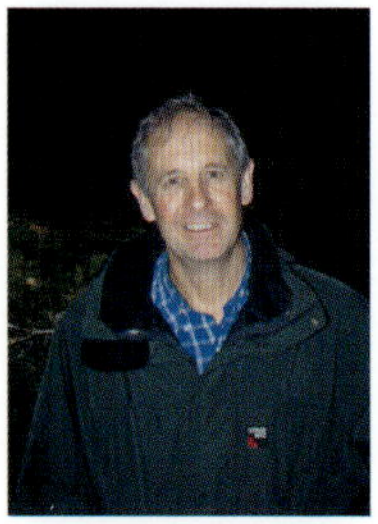

## David Nash (t. 44-45)

Ganed David Nash yn 1945 yn ne Lloegr. Roedd ei nain a'i daid yn byw yn Llan Ffestiniog ac o'r herwydd treuliodd ran helaeth o'i blentyndod yn yr ardal fynyddig hon. Ar ôl bod mewn coleg celf, symudodd i Flaenau Ffestiniog ac yno, dros gyfnod o ddeugain mlynedd, sefydlodd stiwdio ac enw da iddo'i hun yn rhyngwladol fel cerflunydd sy'n gweithio â phren yn bennaf. Mae ei waith yn ymddangos mewn casgliadau cyhoeddus o bwys gan gynnwys Amgueddfa Genedlaethol Cymru, Oriel Tate, Llundain, ac Amgueddfa Guggenheim, Efrog Newydd. Yn 1999 fe'i etholwyd yn Aelod o'r Academi Frenhinol, a derbyniodd O.B.E. am ei wasanaeth i Gelf yn 2004.

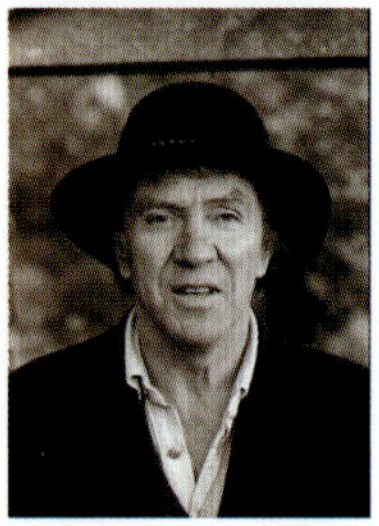

## Jim Perrin (t. 46-47)

Mae Jim Perrin o dras Gymreig ond fe'i magwyd yng nghanol Manceinion yn y cyfnod wedi'r rhyfel. Ers ei fod tua deuddeg oed byddai'n manteisio ar bob cyfle posib i grwydro'r bryniau. Yn ddwy ar bymtheg oed, daeth i fyw i Gymru, yn llawn syniadau rhamantaidd am dirwedd heb ei difetha a'r math o gymdeithas ddiwylliedig, o gydraddoldeb a theilyngdod, a ddiflannodd yn wyneb beunyddioldeb, y lluoedd, a phopeth modern. Ar ôl gweithio fel bugail yng Nghwm Pennant, dechreuodd ennill ei fywiolaeth yn ysgrifennu, a bellach, ddegawdau'n ddiweddarach, mae'n byw fel meudwy ar y gweunydd, gan synfyfyrio'n llawen drist uwch uchelgais dyn, eto'n dal o'r farn fod testun dathlu a gwaredigaeth ym myd natur.

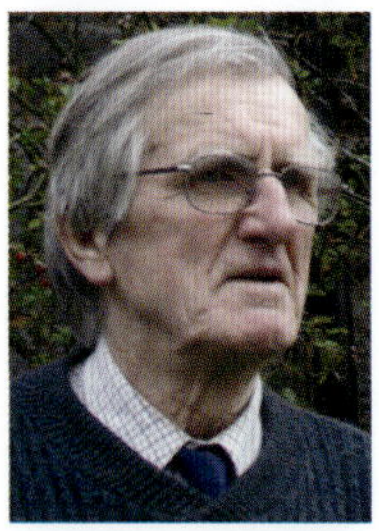

## Owen Wyn Owen (t. 48-49)

Ganed Owen Wyn Owen ym Mhont Cyfyng, Capel Curig yn 1925. Yn 1943 dechreuodd ar ei hyfforddiant gyda'r fyddin gan ddilyn cwrs peirianneg dwy flynedd cyn mynd yn gadlanc i fod yn swyddog. Yn dilyn damwain, fe gafodd ei ryddhau yn 1947. Yna wedi ennill Gradd Beirianneg o Brifysgol Llundain bu'n gweithio fel darlithydd yng Ngholeg Technegol Bangor, ble daeth yn Ddirprwy Bennaeth Peirianneg. Bu'n gynghorydd lleol ers hanner can mlynedd. Bellach, wedi ymddeol, mae'n gallu ymroi i'w ddiddordeb oes mewn hen geir, a'i gwelodd yn adfer car 'Babs' a fu dan dywod Pentywyn am 42 o flynyddoedd ar ôl i Parry Thomas dorri record cyflymder ar y tir.

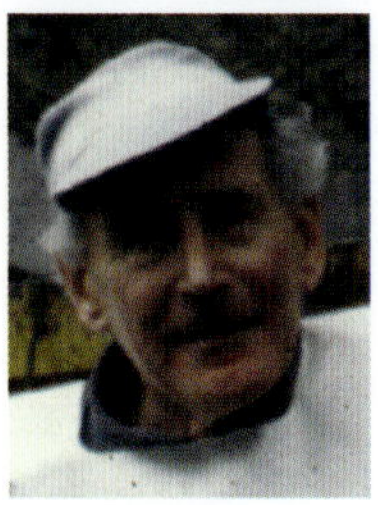

## Geoff Elliott (t. 50-51)

Roedd Geoff Elliott yn gyn Is-gadeirydd ac aelod o Bwyllgor Gwaith Cymdeithas Eryri. Roedd hefyd yn aelod o Ymgyrch Diogelu Cymru Wledig a Chymdeithas y Cerddwyr, ac yn Warden gwirfoddol ym Mharc Cenedlaethol Eryri. Cafodd ei eni yng Nghaerdydd ac yno y treuliodd ei oes waith, cyn symud i Ddolgellau ar ôl ymddeol, ac yna ymlaen i Harlech. Credai ef mai ym Meirionnydd mae rhai o'r teithiau cerdded gorau yng Nghymru ac ysgrifennodd ddau lyfr o deithiau cerdded yn yr ardal, un o gwmpas Dolgellau, a'r llall o gwmpas Harlech.

(*Trist cofnodi y bu farw Geoff Elliot ym mis Chwefror 2005*)

## Sarah Jones (t. 52-53)

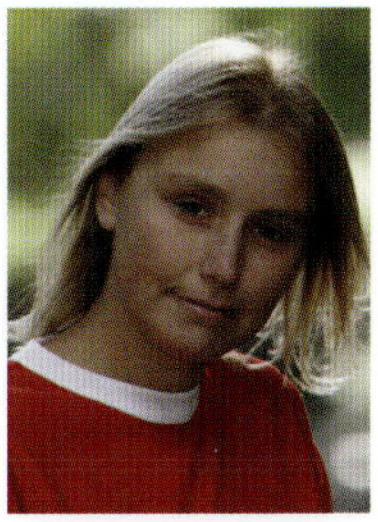

Merch fferm o'r Ganllwyd ger Dolgellau yw Sarah Jones, sy'n gweithio i Asiantaeth yr Amgylchedd. Ar ôl dilyn cwrs Astudiaethau Coetiroedd a'r Amgylchedd (Coleg Meirion-Dwyfor), a Rheoli Cefn Gwlad (Prifysgol Aberystwyth), bu'n gweithio i nifer o sefydliadau cadwraeth. Wedi bod yn Warden ar Lyn Tegid, y Bala ar gyfer Awdurdod Parc Cenedlaethol Eryri, daeth yn dderbynnydd yn y Tŷ Hyll ar gyfer Cymdeithas Eryri. Yna ymunodd ag Ymddiriedolaeth Bywyd Gwyllt Gogledd Cymru fel Swyddog Pobl a Bywyd Gwyllt yn y Gwaith Powdwr, Porthmadog, sef hen ffatri ffrwydron Cook's, sydd bellach yn warchodfa natur ardderchog. Ond, y swydd orau un oedd cyflwyno rhaglenni bywyd gwyllt ar gyfer S4C, o Dde Affrica, Sri Lanka, Mecsico a Chanada, a hynny i gyd mewn un flwyddyn!

## Keneuoe Morgan (t. 54-55)

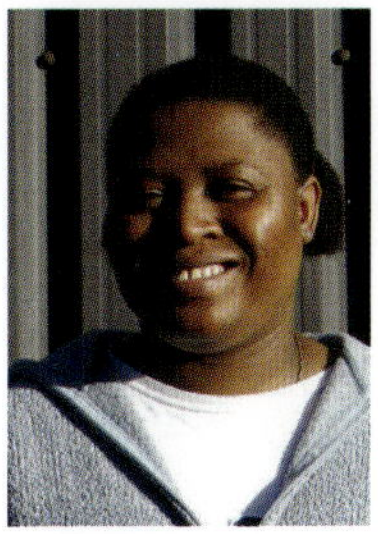

Keneuoe Morgan yw Swyddog Datblygu Antur Penllyn, sef menter adfywio cymunedol yn y Bala. Yn briod a chanddi fab chwe blwydd oed, bu'n byw yn y Bala ers oedd hi'n bedair ar bymtheg oed pan ddaeth i Brydain o Lesotho. Mae hi'n un o Gynghorwyr Tref y Bala. Mae hi'n gwirioni ar chwaraeon: bu'n hyfforddi plant i chwarae pêl-rwyd yn wirfoddol a bu'n hyfforddwraig athletau i blant yn y gorffennol. Yn 2000 fe enillodd Wobr Goffa Dafydd Orwig i ddysgwyr Cymraeg yng Ngwynedd a chyrhaeddodd rownd derfynol cystadleuaeth 'Dysgwr y Flwyddyn' yn yr Eisteddfod Genedlaethol. Mae hi bellach yn siarad Cymraeg yn rhugl.

## David Gwyn (t. 56-57)

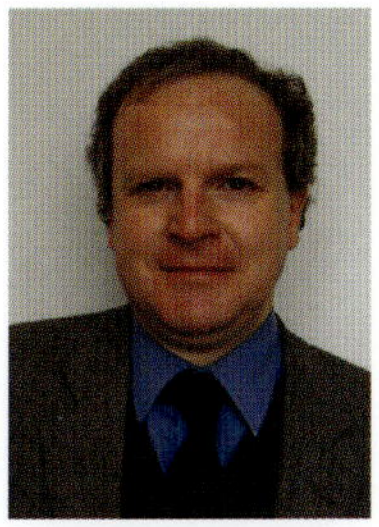

Ganed David Gwyn ym Mangor a threuliodd ei blentyndod cynnar yn nhref ddiwydiannol Bethesda, wrth droed hen chwareli llechi'r Penrhyn. Er iddo symud i Loegr pan oedd yn blentyn, daliodd i ryfeddu at dirwedd Eryri ac olion y diwydiannau a arferai gynnal diwylliant Cymreig unigryw a byw – y chwareli llechi, y mwyngloddiau copor a'r melinau gwlân. Bellach mae'n gweithio fel ymgynghorydd archaeolegol annibynnol, yn dysgu'n rhan amser yn yr Adran Rheoli Treftadaeth ym Mhrifysgol Cymru, Bangor ac ef yw golygydd *Industrial Archaeology Review*.

## Bethan Gwanas (t. 58-59)

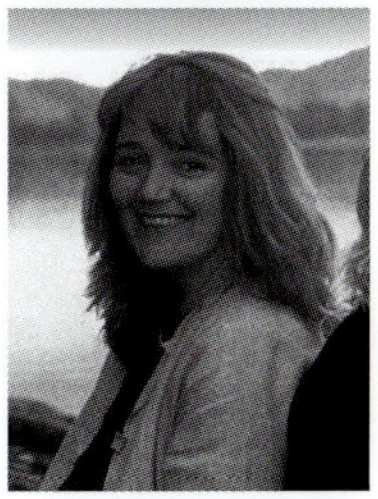

Cafodd Bethan Gwanas ei geni a'i magu yn Nolgellau. Bu'n athrawes Saesneg gyda VSO yn Nigeria, yn gynhyrchydd radio, yn athrawes Ffrangeg a gweithgareddau awyr agored a Dirprwy Reolwr Glan-llyn – ond bellach mae hi'n awdures lawn amser. Cafodd ei nofel gyntaf, *Amdani!*, ei haddasu ar gyfer y teledu a'r llwyfan, ac mae hi wedi ennill gwobr Tir na n-Og ddwywaith. Ysgrifennodd nifer o ddramâu i blant hefyd ar gyfer Cwmni'r Frân Wen a'r BBC (yn Gymraeg a Saesneg). Mae hi wrth ei bodd yn hel ei thraed ac yn 2003, bu'n cyflwyno *Ar y Lein*, sef cyfres deledu yn dilyn lledred 52 o amgylch y byd. Fe fydd hi'n dilyn llinell arall trwy Begwn y Gogledd a'r De yn 2004/5.

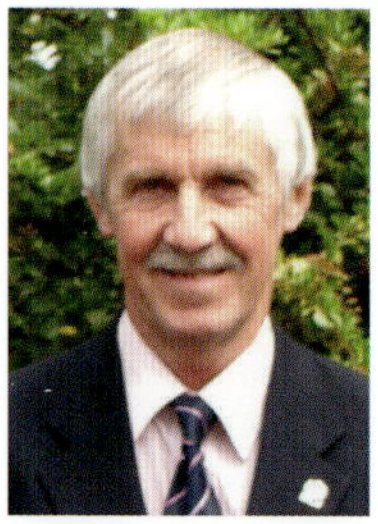

## Caerwyn Roberts (t. 60-61)

Ffermwr o Feirionnydd yw Caerwyn Roberts; trydedd cenhedlaeth ei deulu ar y fferm. Bu'n Gadeirydd Awdurdod Parc Cenedlaethol Eryri er 1999, arferai fod yn Gadeirydd Cymdeithas Awdurdodau Parciau Cenedlaethol (DU). Bu'n Ynad Heddwch er 1988. Ar ôl dod yn ail yn 1999, fe enillodd Wobr Rhagoriaeth mewn Ffermio y *Daily Telegraph* 2003 (NFU Cymru a Lloegr) am ei gyfraniad gwerthfawr i amaethu a'r amgylchedd. Ef oedd un o'r ffermwyr cyntaf i annog grwpiau o ysgolion i ymweld â'i fferm, ac mae ganddo raglen reolaidd o ymweliadau ysgolion.

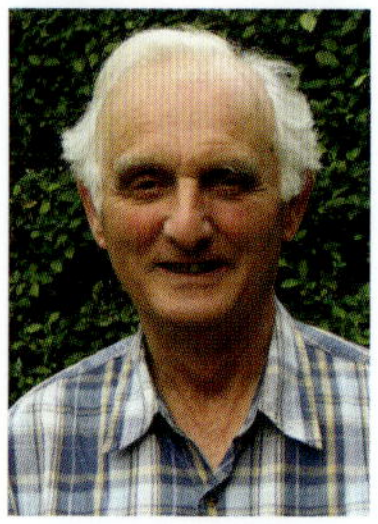

## Syr John Houghton (t. 62-63)

Ganed John Houghton yn Nyserth, Clwyd a derbyniodd ei addysg yn Ysgol Ramadeg y Rhyl a Choleg Iesu, Rhydychen. Yn ystod ei yrfa fel gwyddonydd, bu'n Athro Ffiseg Atmosfferig ym Mhrifysgol Rhydychen, Prif Weithredwr y Swyddfa Feteorolegol, Cadeirydd y Comisiwn Brenhinol ar Lygredd Amgylcheddol, a Chadeirydd yr Asesiad Gwyddonol dros y Panel Rhynglywodraethol ar Newid Hinsawdd. Ymhlith llu o wobrau eraill, derbyniodd fedalau aur gan y Gymdeithas Seryddol Frenhinol a'r Gymdeithas Feteorolegol Frenhinol a doethuriaeth er anrhydedd oddi wrth Brifysgol Cymru. Cyhoeddodd nifer o lyfrau, gan gynnwys *Global Warming: the Complete Briefing* a *The Search for God: can science help?*. Erbyn hyn, ymgartrefodd yn Aberdyfi, ble mae'n mwynhau hwylio a cherdded mynyddoedd.

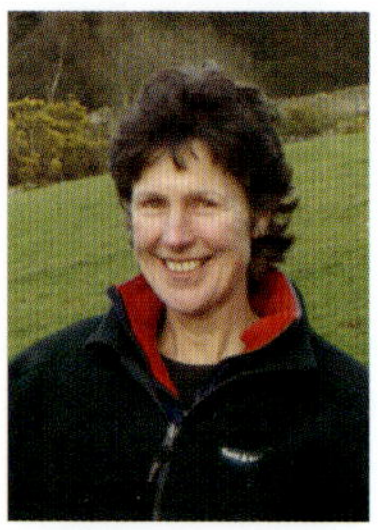

## Jenny James (t. 64-65)

Ar wyliau gyda'i rhieni yn y Chwedegau y daeth Jenny James i Eryri gyntaf, a phenderfynodd yn y fan a'r lle mai yma'r oedd hi eisiau byw a bod. Yn ddiweddarach bu'n gweithio ar fferm ger Beddgelert cyn astudio amaethyddiaeth yng Ngholeg Amaethyddol Cymru yn Aberystwyth. Yn 1985 dychwelodd i fyw yn Eryri ac ers hynny bu'n gweithio ar amrywiaeth eang o faterion amgylcheddol trwy ei gwaith a phrosiectau gwirfoddol gyda'r Ymddiriedolaeth Genedlaethol, Cymdeithas Eryri, Cyfeillion y Ddaear a Chonsortiwm A5, sy'n llwyddiannus dros ben. Ar hyn o bryd mae hi'n byw mewn tyddyn wrth droed yr Wyddfa gyda'i mab, Harry.

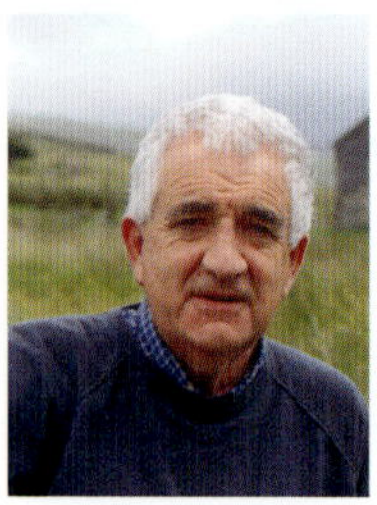

## Ken Jones (t. 66-67)

Gwas Sifil wedi ymddeol yw Ken Jones; cafodd ei eni a'i fagu yn Llanberis. Mae'n un o sylfaenwyr Clwb Rhedeg Eryri, ac ef a sefydlodd ac a drefnodd Ras yr Wyddfa o 1976 hyd heddiw. Ef yw Ysgrifennydd y pwyllgor lleol a fu'n gyfrifol am sefydlu cyswllt gefeillio rhwng Llanberis a Morbegno yng ngogledd yr Eidal, a gwblhawyd ym mis Hydref 2004. Datblygoddd y cysylltiad oherwydd i redwyr o'r ddinas hon gymryd rhan yn Ras yr Wyddfa ers 25 mlynedd. Wedi cael trawsblannu aren newydd ei hun, mae'n Ysgrifennydd Cymdeithas Cleifion Arennol Ysbyty Gwynedd. Mae'n naturiaethwr a hanesydd lleol brwd.

**Rob Collister** (t. 68-69)

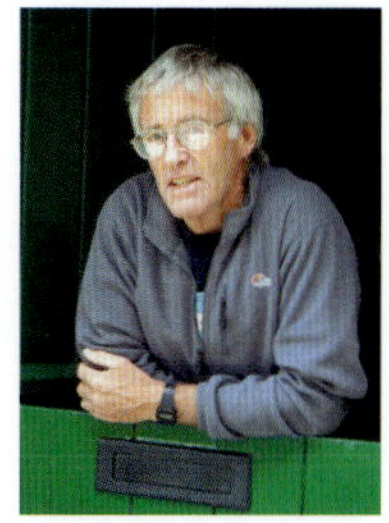

Mae Rob Collister yn dywysydd mynydd cymwysedig sy'n teithio i bedwar ban byd gyda'i waith yn dringo a sgi-fynydda. Yng Nglasgwm, Penmachno y ganed ac y maged eu tri phlentyn ond bellach mae ef a'i wraig, Netti, yn byw yn rhan isaf dyffryn Conwy, ger Henryd. Ef yw awdur *Lightweight Expeditions* (Gwasg Crowood 1989) ac *Over the Hills and Far Away* (Gwasg Ernest 1996) a bydd yn ysgrifennu'n aml i gylchgronau a chyfnodolion awyr agored.

**Nikki Wallis** (t. 70-71)

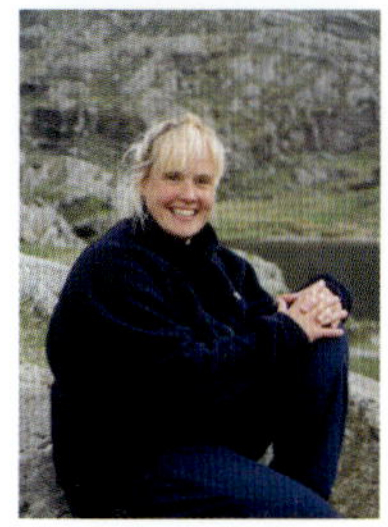

O Lanberis y daw Nikki Wallis. Bu'n gweithio fel Warden yn y Parc Cenedlaethol er 1999 yn ymdrin â materion mynediad ar gyfer hamddena a mwynhad cynaliadwy mewn amgylchedd mynyddig bregus. Wedi ennill gradd anrhydedd mewn Biocemeg a Bioleg Folecwlar (Prifysgol Cymru, Bangor), cafodd ddiploma ôl-raddedig ac MA mewn Rheoli Cefn Gwlad. Mae hi'n aelod gweithgar o'r Alpine Club (Llundain) a'r Swiss Alpine Club, ac wedi bod yn dringo mynyddoedd ledled y byd ers ei bod yn ddim o beth. Mae hi hefyd yn aelod gweithgar o Dîm Achub Mynydd Llanberis a chanddi ddau gi chwilio ac achub ar y mynydd. Mae hi'n rhedeg sefydliad rhyngwladol di-elw, Mountains for Active Diabetics.

# Her Eryri

*We shall not cease from exploration*
*and the end of all our exploring*
*will be to arrive where we started*
*and know the place for the first time.*

T.S.Eliot 'Little Gidding', *Four Quartets*

Gosodwyd tasg anodd i'r bobl a gyfrannodd at y llyfr hwn; mae dewis un hoff le o blith Eryri gyfan yn ymddangos yn gamp amhosib. Bûm yn pendroni uwch y cwestiwn fy hun droeon, wrth eistedd ar bwys fy nghamera fel arfer; yn oerfel oriau'r wawr yn nhrymder gaeaf neu fin nos gynnes o haf, yn aros am y goleuni neu, yn fwy tebygol, yn disgwyl i'r glaw gilio! Oherwydd, er mor hyfryd ac atgofus yw golygfeydd Eryri, mae eu naws yn newid drwy'r amser ac mae dal ysbryd mor gyfnewidiol yn gryn her i ffotograffydd tirluniau.

Ond, wedyn, mae'n rhaid gweithio'n galed i ennill calon Eryri. Law yn llaw â'i mympwy, daw rhyw ysblander braf, mawredd sy'n aros yn dawel i chi ddod o hyd iddo, heb ganu'i delyn ei hun drwy'r amser. Dyma harddwch diymhongar sy'n cynnig cyfansoddiadau da, a thrwy hynny ddelweddau da, rhai sy'n anodd eu gwireddu, sy'n golygu bod yn rhaid i chi edrych yn fwy gofalus am gyfnodau hirach a hirach, nid yn unig ar Eryri, ond arnoch chi eich hun yn ogystal.

Dros y blynyddoedd, fe ddaethom i ddeall ein gilydd. Gyda digon o sylw gen i, fe ddaw Eryri fel rhyw gariad swil o'r gwyll i ddangos ei gwerthfawrogiad. Am fy ymdrechion bydd yn sibrwd ei chyfrinach ac yn caniatáu i mi weld rhywbeth gwirioneddol wych o'm blaen. Aiff y milltiroedd o gerdded a'r oriau o aros yn angof, a'r eiliadau prin a erys yn fy nghof yn bethau i'w trysori.

Oes gen i hoff le yn Eryri? Fe fydd pobl yn aml yn gofyn yr un cwestiwn am fy lluniau: pa un yw'r ffefryn? Yr un yw fy ateb bob tro: 'yr un a welaf yfory.' Fe allwn i ddweud hynny am fy hoff leoliad hefyd.


Bu creu'r delweddau ar gyfer y gyfrol hon yn waith caled, yn hynod o bleserus, ac yn foddhad di-ben-draw, yn gyfartal oll i gyd. Ni fyddai'r cyfan yn bosib heb gefnogaeth llawer o bobl eraill, felly gan gofio'r cydnabyddiaethau ar ddechrau'r llyfr, hoffwn innau ddiolch yn arbennig i'r canlynol:

aelodau Cymdeithas Eryri am am eu cefnogaeth barod;
Ceri a phawb yng Ngwasg Gomer am y cyfle;
Nathan Wake yn Fujifilm am ei gymorth a'i gyngor;
fy nheulu a'm ffrindiau am ddeall fy niflaniadau.

Rhoddaf fy niolch pennaf i ti Heather, am dy amynedd, dy ddealltwriaeth, brwdfrydedd a'th gefnogaeth barod. Goleuni glanaf fy mywyd.

# Y Darn Technegol

Mae tynnu lluniau tirlun yn gofyn llawer o'r camera. Mae'r offer yn cael ei wthio a'i dynnu i mewn ac allan o'r sach gario ar fy nghefn; rhaid iddo ymdopi â thywydd a thymheredd eithafol, oer a phoeth; rhaid iddo fod yn ysgafn, cryf a dibynadwy. Ond yr ystyriaeth fwyaf oll, fodd bynnag, yw bod yn rhaid i'r camera ei hun gyd-fynd â dulliau gweithio'r ffotograffydd a'i anghenion esthetig. Rhaid i'r offer beidio byth â bod yn llyffethair i'r broses greadigol.

Cafodd yr holl ddelweddau yn y llyfr hwn eu paratoi gan ddefnyddio camera maes fformat mawr (LF) sy'n plygu, sef Ebony RW45, gyda lensys 65mm, 90mm, 150mm, 210mm a 270mm gan Schneider, Rodenstock a Nikon. Mesurydd sbot Sekonic L508 a ddefnyddiais. Mae'n bosib y bydd nifer o bobl yn ystyried hon yn system hen ffasiwn ac anhylaw (prin y newidiodd y drefn mewn can mlynedd), ond mae angen bod yn ddisgybledig a phwyllog dros ben i wneud y gorau ohoni. O gofio'r athroniaeth sydd wrth wraidd dyluniad y camerâu mawr hyn a'r modd y'u defnyddir, mae'n cyfateb yn berffaith i'r ffordd y byddaf yn mynd ati i dynnu lluniau. Yn wir, gyda chamera fformat mawr fel hyn, nid tynnu lluniau yr ydych, ond gwneud lluniau.

Nid yw ffilm yn 'gweld' goleuni fel y bydd ein llygaid ni, felly bydd angen defnyddio hidlyddion i gydbwyso'r goleuni a lliw yn aml. Byddaf yn cario casgliad mawr o hidlyddion, y cyfan wedi'u gwneud gan gwmni hidlyddion Lee yn Andover. Mae'n cynnwys cyfres 81 o hidlyddion cynhesu, hidlyddion dwysedd niwtral graddedig (GND) 0.3, 0.6 a 0.9 , gyda graddiadau caled a meddal, a pholarydd. Hefyd, mae gen i ambell hidlydd 'arbennig', sy'n cyfuno hidlydd 81C a hidlydd GND.

Ffilm dryloywluniau Fuji Provia 100F a ddefnyddiais i bob llun. Rwy'n ei defnyddio ers iddi gael ei chyflwyno gyntaf. Mae lliwiau a chyferbyniad Provia yn naturiol iawn, ac yn gallu ymdopi â datguddio'r ffilm am gyfnodau hir, sy'n eithaf cyffredin wrth baratoi tirluniau. Rwy'n defnyddio system Fuji Quickload i lwytho'r ffilm: mae'n ddrutach na'r systemau llwytho arferol, ond mae'n llai ac yn ysgafnach, a fydd yna ddim problemau gyda llwch na baw. Ar gyfer y delweddau panoramig defnyddiais rolyn ffilm tryloywluniau Fuji Provia 100F wedi'i llwytho i gefn 6 x 12.

Fel y rhan fwyaf o ffotograffwyr, rhyw berthynas cicio a brathu sydd gen i a'r treipod: rhaid iddynt fod yn ddigon cadarn i ddal y camera'n llonydd, eto'n ddigon ysgafn i'w cario am bellteroedd maith. Er gwaethaf deunyddiau modern, fel ffibr carbon, mae'n dal yn anodd bodloni'r gofynion croes hyn, ac ni lwyddais i ddod o hyd i'r treipod perffaith hyd yma; felly mae gen i ddau! Mae'r Gitzo Explorer alwminiwm yn sefydlog iawn ac yn bodloni aml i bwrpas ond mae'n goblyn o drwm, yn 3.7 kg, felly treipod teithiau byrion yn unig yw hwn. Nid yw'r Velbon Sherpa Pro lawn mor hylaw, ond gan nad yw'n pwyso dim ond 2.2 kg, hwn yw'r un ar gyfer teithiau hir ac aros dros nos. Ar y ddau dreipod, mae pen gêr Manfrotto 410, ar gyfer fframio manwl gywir.

Ambell dro bydd y lleoliad dafliad carreg o'r car, ond yn fynych byddaf yn cerdded i bellafion y wlad, allan am oriau, ar adegau digon anghymdeithasol. Bryd hynny rhaid cario'r holl gêr sydd ei angen ar gyfer crwydro'n ddiogel, gan gynnwys map, cwmpawd, uned leoli GPS, dillad dal dŵr, cit cymorth cyntaf, bwyd, diod, tortsh, dillad sbâr, ac yn y blaen. I aros dros nos, rhaid cofio'r sach gysgu, bag gwersylla, a stôf.

Mae'r rhain i gyd (ac eithrio'r treipod) yn cael eu cario mewn sach Lowepro Super Trekker ar fy nghefn. Gyda'i gilydd, mae'r cyfan fel arfer yn pwyso tua 18 kg.

Steve Lewis
2005

# NODIADAU MAES AR Y 30 O OLYGFEYDD AR ORWEL ERYRI

Nodiadau a ddaeth o'm llyfr maes yw'r rhain. Nodiadau byrion yn unig ydynt gan fod prinder lle, ond gobeithio y byddant yn ddiddorol a defnyddiol.

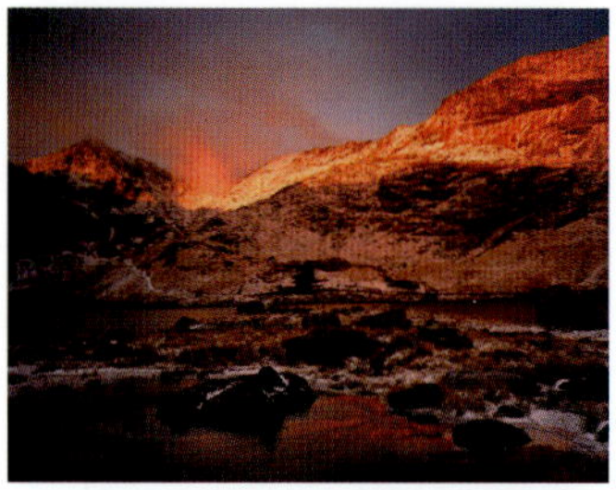

**Gwawrddydd Alban Arthan, y Grib Goch.** **t. 13**

Y goleuni anhygoel hwn oedd y wobr a gefais am godi'n gynnar a cherdded am awr mewn oerfel – 15°C. Am chwarter awr cyn ac ar ôl iddi wawrio, roedd y golau'n gwella drwy'r amser. Yna cymylodd yr awyr a chyrhaeddodd yr eira. Ciliais innau i'r car, yn oer a blinedig, ond ar ben fy nigon.

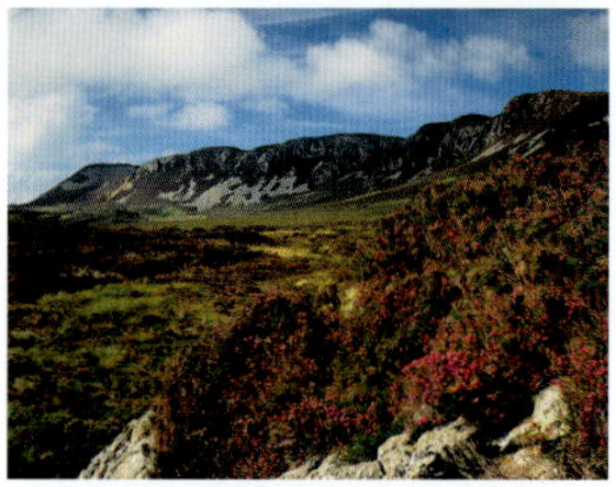

**Graig Goch a'r Migneint.** **t. 15**

Ar yr olwg gyntaf, lle digon digymeriad yw'r Migneint, ond cydiwch yn eich esgidiau cerdded a daw'r trysorau i gyd i'r golwg. Mae grug a mwsoglau yn ffynnu ar y pridd asidig a phenderfynais ar y ddelwedd hon, gyda'r graig yn brigo dan y grug a Graig Goch yn y cefndir, i roi rhyw flas o'r ardal.

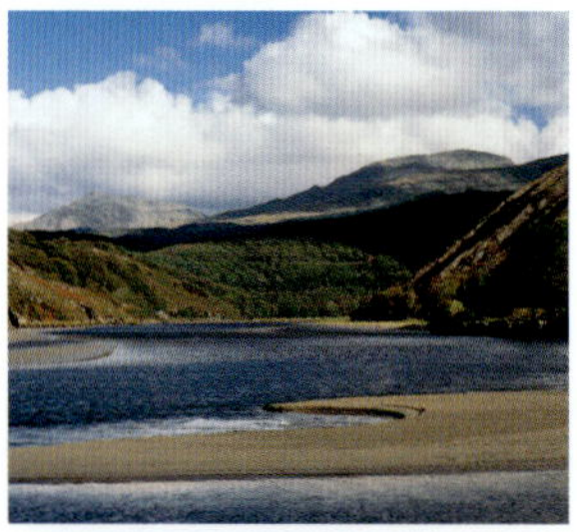

**Afon Dwyryd a'r Moelwynion.** **t. 17**

Bu'n rhaid chwilio'n ddyfal am y lleoliad hwn gan fy mod yn awyddus i gynnwys cei Gelli Grin yn y llun o Afon Dwyryd â'r Moelwynion yn gefndir. Trefnais i fynd yno ar y trai, ac mae'r draethell a ddaeth i'r golwg yn gweithio'n dda ym mlaen y llun. Er i mi ddefnyddio lens hir, mae dyfnder da yn y llun.

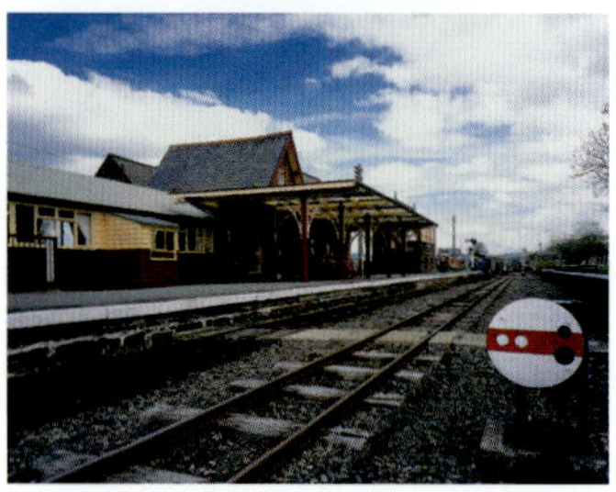

**Gorsaf Llanuwchllyn.** **t. 19**

Mae yna staff gwych yng ngorsaf Llanuwchllyn; doedd dim byd yn ormod o drafferth – hyd yn oed pan osodais fy nghamera ar y lein! Trwy ollwng blaen y camera llwyddais i gynnwys y signal, gan gadw cefn y camera'n fertigol er mwyn i'r adeiladau gadw eu siâp.

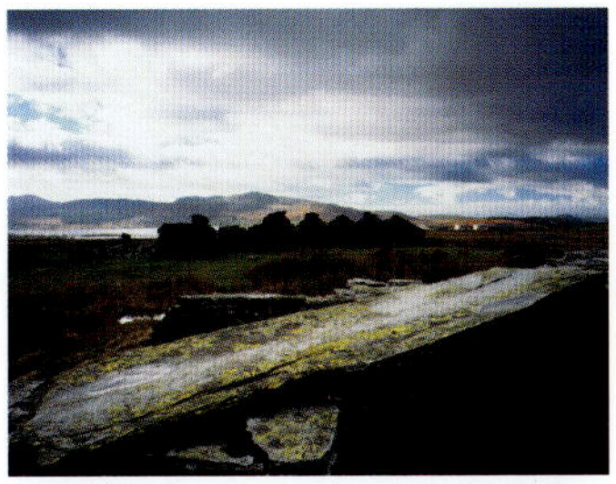

**Olion diwydiant, Trawsfynydd.** **t. 21**

Roeddwn mor awyddus i gael y bont lechen ym mlaen y llun nes fy nghael fy hun yn ceisio balansio ar ben rhyw gerrig cynnal bregus. Olion o'r gorffennol yw'r ddau, eto anodd fyddai cael cyfuniad mwy trawiadol o ddiwydiannau hen a newydd, yn ffigurol ac o ran cyfansoddiad y llun.

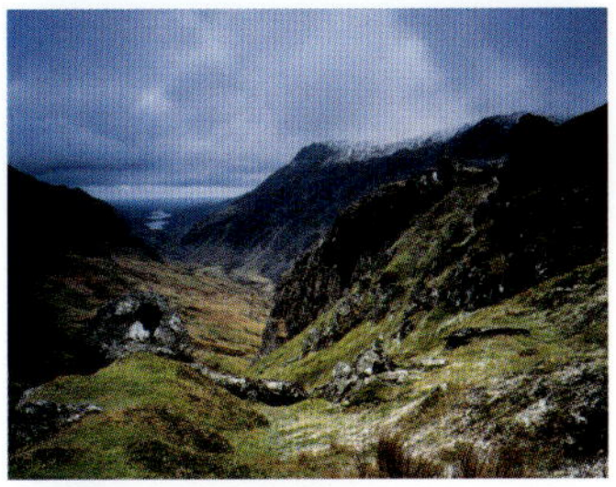

**Diwrnod stormus, Nant Peris.** **t. 23**

Dringais i'r fan hyn dair gwaith, a phob tro roedd y tywydd yn ddifrifol. Heb oleuni o unrhyw ansawdd, archwiliais siapiau yn y creigiau ac yn y dyffryn islaw. Ceisiais bortreadu diwrnod arferol o Ragfyr yn Eryri.

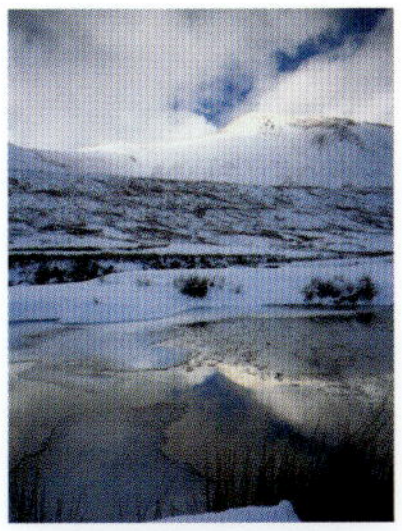

**Yr Elen ac Afon Llafar.** **t. 25**

Ar yr eira, mae'n gallu bod yn gryn her penderfynu am faint o amser i amlygu'r ffilm i'r golau, ond defnyddiais fesurydd sbot i fesur y gwahanol rannau â llaw er mwyn defnyddio hidl dwysedd niwtral graddedig (GND) i gydbwyso'r cyfan a chadw manylder yr adlewyrchiad yn ogystal â'r copa heulog. Oherwydd bod yr awyr mor las, byddai gwawr las gref ar y rhew hefyd, felly defnyddiwyd hidl 81D i gadw'r hyn y bydden ni'n ei ystyried yn lliw cywir yr eira.

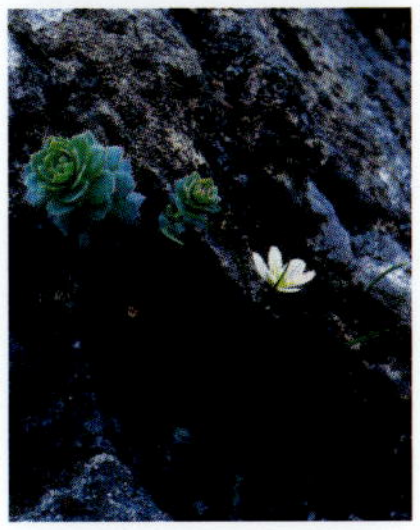

**Lili'r Wyddfa (*Lloydia Serotina*).** **t. 27**

Bodolaeth fregus iawn sydd gan y *Lloydia* yn rhai o'r cilfachau mwyaf digroeso ac anhygyrch yn Eryri. Fframiais y blodyn bach yn erbyn y graig galed, oer a'r rhoslys (*Sedum Rosea*), a rhag colli eiddilwch gwawr y petalau, ni ddefnyddiais hidl. O'r herwydd mae naws oerllyd i'r cyfan, gan ychwanegu at yr argraff gyffredinol fod breuder bywyd yn ffynnu yma er gerwined yr amgylchedd.

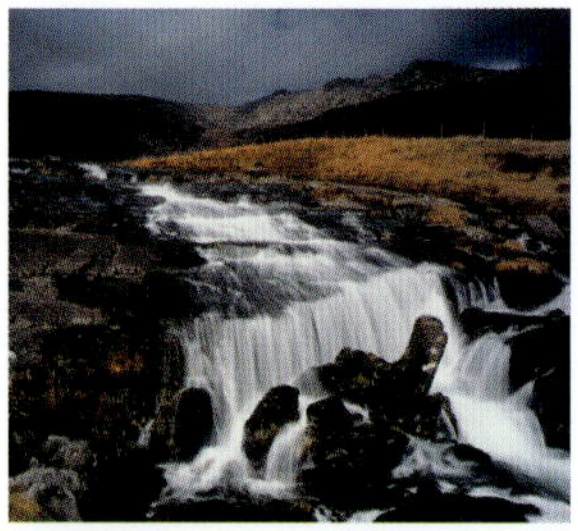

**Afon Gwryd a'r Glyderau.** t. 29

Diolch byth nad yw fan hyn yn bell o'r ffordd – bûm yma bedair gwaith cyn cael cyfuniad addas o ddŵr a goleuni. O ddefnyddio'r mesurydd sbot, penderfynais beidio â defnyddio GND gan y byddai wedi ffrwyno rhywfaint ar ddisgleirdeb y goleuni ar y Glyderau, a difetha rhan fechan ond hanfodol o naws y llun.

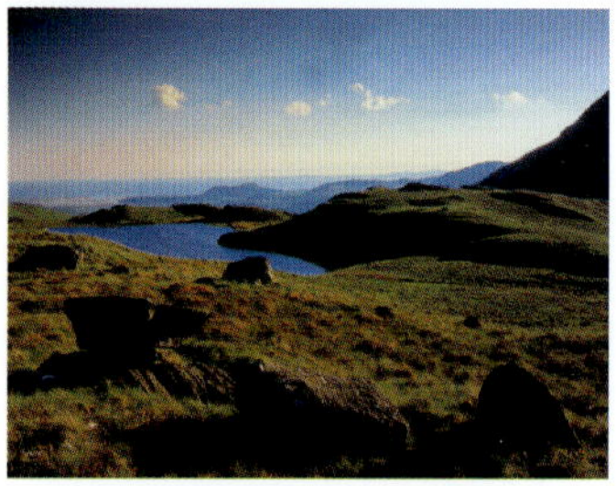

**Ar y llinell felen, y Moelwynion.** t. 31

Roeddwn yn awyddus i dynnu llun yn sefyll ar y llinell felen a grybwyllir gan Ronwen yn ei thestun. Rhyfedd meddwl bod symud lathen neu ddwy i'r naill gyfeiriad yn y fan hyn yn eich gosod y tu mewn neu'r tu allan i'r Parc Cenedlaethol, a holl oblygiadau hynny. Wrth gwrs, nid yw llinellau ar fap yn golygu dim i'r dirwedd; roedd golygfa fendigedig i bob cyfeiriad yma.

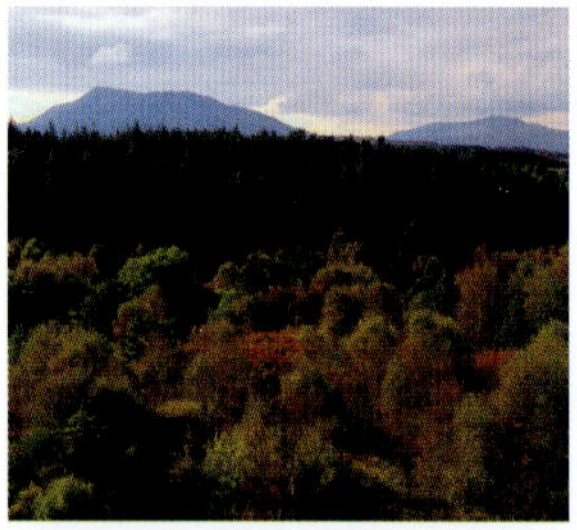

**Goleuni'r hydref yng Ngwydyr, Moel Siabod yn y cefndir.** t. 33

O gyffiniau Llyn Elsi mae golygfeydd gwych dros goedwig Gwydyr ym mhob cyfeiriad, ac rwy'n hoff iawn o'r ardal. Roedd hi'n anodd iawn dewis, ond y goleuni hwn y tu ôl i'r coed a'm denodd yn y diwedd, yn enwedig oherwydd gwrthgyferbyniad y cymylau tywyll uwchben Siabod.

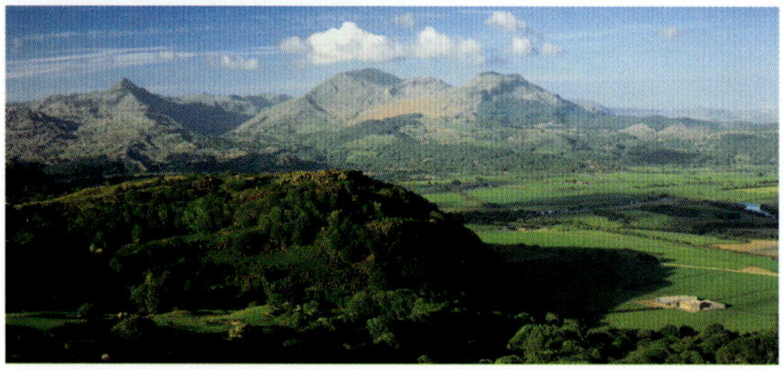

**Fron Oleu, y Moelwynion yn y cefndir.** t. 34-35

Mae golygfeydd trawiadol ym mhobman o amgylch fferm Kathryn (gwaelod ar y dde), ond ni allwn ddod o hyd i gyfansoddiad teilwng. Felly dringais fryn cyfagos ac edrych yn ôl tuag at y Moelwynion a'r Cnicht. Prin y llwyddais i ddatguddio'r ffilm cyn i'r cysgodion hawlio'r fferm a'r tir o'i chwmpas.

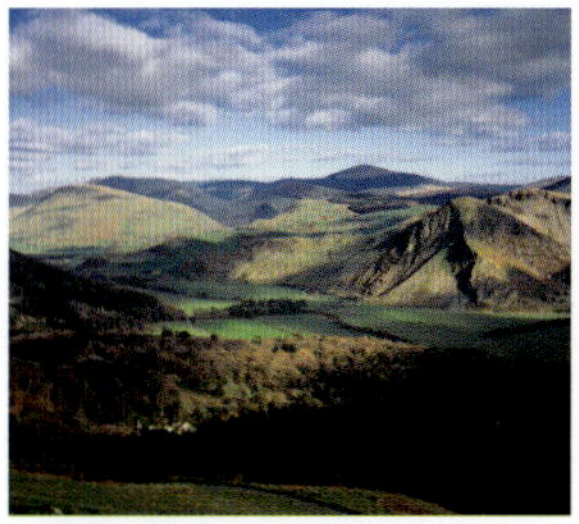

**Ffawtlin, Dyffryn Dysynni.** **t. 37**

Mae dyffryn Dysynni yn rhan o hen ffawt ddaearegol sy'n rhedeg o'r de-orllewin i'r gogledd-ddwyrain trwy Eryri. Dewisais y fan hyn oherwydd, yma, gallwn weld amrywiaeth y tirffurfiau a luniwyd gan rymoedd hynafol natur, a'r dirwedd a grëwyd gan ddwylo modern dyn.

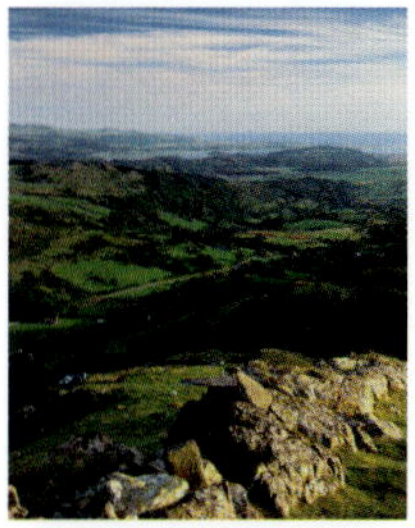

**Cwm Croesor a'r arfordir o'r Cnicht.** **t. 39**

Gall fod yn anodd tynnu llun golygfa fawr eang. Os na fyddwch yn ofalus, ni fydd y llun terfynol yn cyfleu mawredd yr olygfa. Gan fy mod yn awyddus i gael llun i gyfeiriad yr arfordir, fe ddringais y Cnicht fwy nag unwaith cyn dod o hyd i'r creigiau hyn i'w rhoi ym mlaen y llun. Mae'n helpu i roi dyfnder i'r ddelwedd ac yn ychwanegu at y patrwm o gysgod a goleuni am yn ail â'i gilydd.

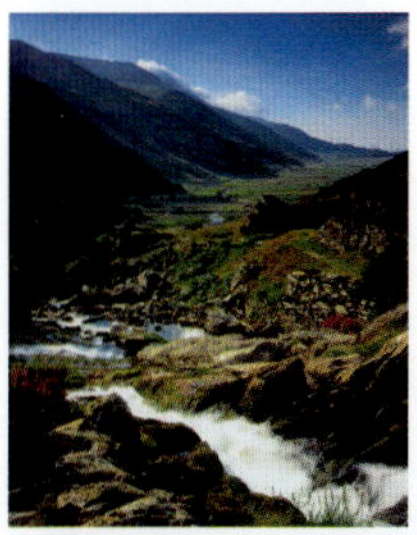

**Hafnos, Nant Ffrancon.** **t. 41**

Er mai dyma un o ardaloedd prysuraf Eryri, erbyn min nos mae'r dringwyr a'r cerddwyr wedi dianc i'r dafarn, a Nant Ffrancon dawel yn disgwyl amdanoch. O'r rhaeadr ym mlaen y llun, mae cromlin o oleuni rhwng y cysgodion yn arwain eich llygaid drwy'r darlun.

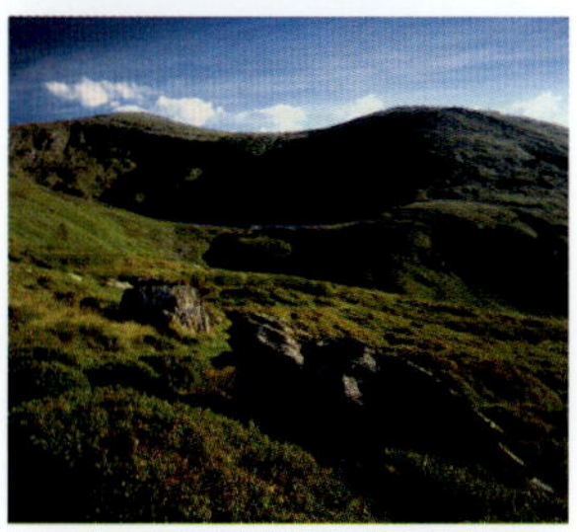

**Llyn Anafon a Llwytmor o Ben Bryn-du.** **t. 43**

Fel ffotograffydd, nid wyf yn arbennig o hoff o awyr glir. Mae'r cyfan yn tueddu i fod yn ddigymeriad a'r delweddau yn eithaf oerllyd, yn enwedig yn y cysgodion. Wedi dweud hynny, ar y prynhawn arbennig hwn roedd ambell gwmwl ar y gorwel. Disgwyliais iddynt nofio i'w lle tra bu Heather yn paratoi picnic, a mwynhaodd y ddau ohonom haul hwyr y prynhawn wrth wylio'r cymylau.

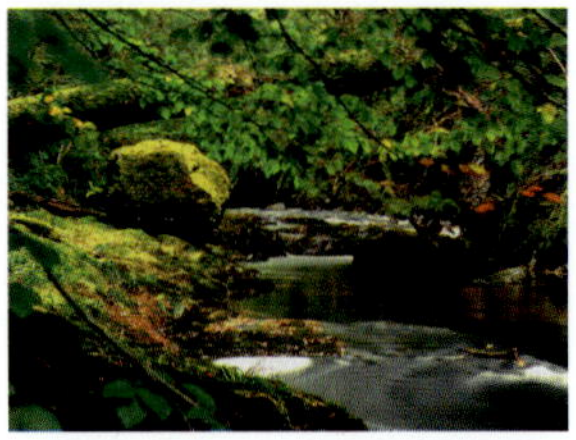

**Maen prawf, Afon Cynfal.** **t. 45**

Fel rhyw Fethwsela, mae'r graig dragwyddol hon fel petai'n ceisio gwrthsefyll dyfodiad y coed ar yr un llaw a grymoedd yr afon sy'n ceisio ei denu i'r dyfnderoedd ar y llall. Darlun y tu hwnt i amser, mewn amgylchedd na fydd byth yn llonydd.

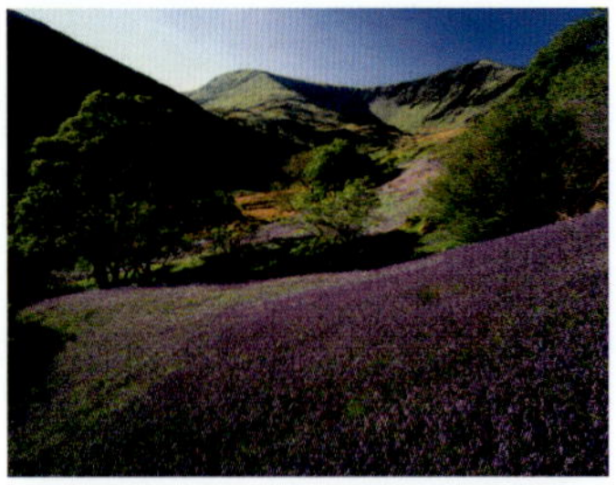

**Gwanwyn yng Nghwm Pennant.** **t. 47**

Cyrhaeddais yma'n hwyr un prynhawn o Fai a synnu wrth weld llawr y cwm dan garped o glychau'r gog. Braidd yn gryf oedd yr haul i flodau mor gain, ond allwn i ddim maddau i'r olygfa hon. Gollwng blaen y camera er mwyn i'r blodau lenwi blaen y llun, a chadw cyn lleied â phosib o'r awyr ddi-nod.

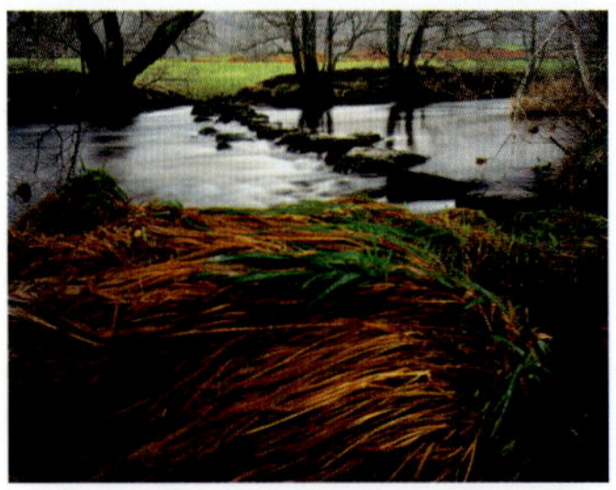

**Siapiau'n llifo a cherrig camu, Afon Llugwy.** **t. 49**

Fy mwriad oedd tynnu llun y sarnau, y cerrig camu y mae Owen yn cyfeirio atynt, ond cefais fy swyno gan adleisiau llif yr afon yn y gwellt. Er gwaethaf y goleuni (dim digon ohono, a glaw mân di-baid), trwy ogwyddo mymryn ar flaen y camera llwyddais i gadw'r llun yn siarp. Bûm yn yr afon am awr, ond cefais dipyn o hwyl wrth i griw o bobl ganŵio heibio a minnau'n rhwystr anghyffredin ar eu taith i lawr yr afon!

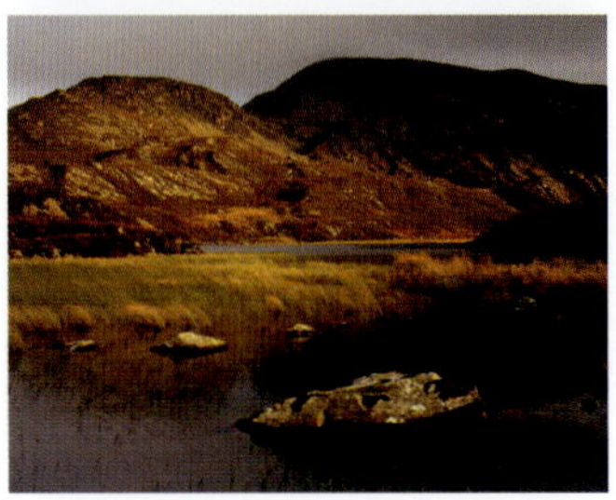

**Storm ar glirio, Gloywlyn.** **t. 51**

Yn ôl y rhagolygon, roedd gwell tywydd i ddod ac am awr cyn y machlud roedd y tywydd ar droi; un cawdel heulog, stormus ar lwyfan anferthol, ac Eryri yn serennu. Y cyfan y mae'n rhaid i'r ffotograffydd ei wneud mewn sefyllfa fel hyn yw llwyddo i ddal y goleuni sy'n dawnsio hyd y tir.

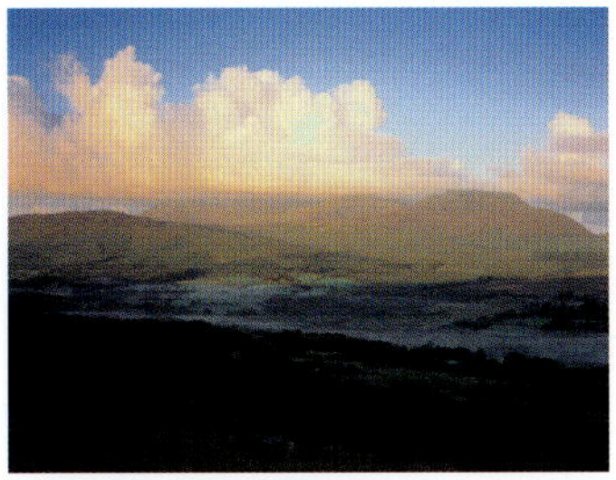

**Y wawr, fferm Ffridd Bryn Coch.** **t. 53**

Cefais fy hebrwng yma gan Sarah, yna holodd: 'A gaf fi'r olygfa o'r fan hyn, os gweli'n dda?' Sut gallwn i wrthod? Roedd gen i syniad mai toriad gwawr fyddai orau, a hanner awr wedi iddi wawrio daeth y cyfuniad hwn o oleuni, niwl a chysgodion. Mae Ffridd Bryn Coch i'w gweld tua chanol y llun.

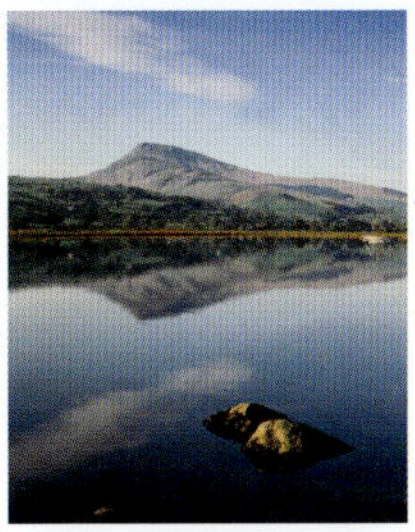

**Bore o wanwyn, Llyn Tegid.** **t. 55**

Roedd hi'n wawrddydd dawel, deg ar Lyn Tegid. Ar adegau fel hyn, cyfansoddiad syml, diaddurn sydd orau. Mae cyfuniad y cerrig ac Aran Fawddwy yn llunio siâp 'S' pleserus yn y ffrâm.

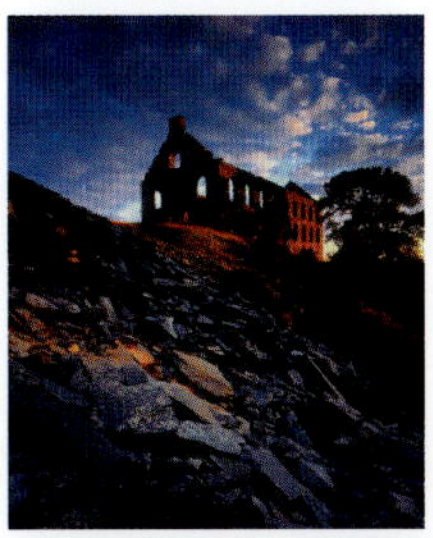

**Ar derfyn dydd, Ynys-y-pandy.** **t. 57**

Lluniau o du blaen Ynys-y-pandy gewch chi bron yn ddieithriad. Wrth chwilio am rywbeth gwahanol, sylwais ar y cyfansoddiad hwn rhwng y tomenni gwastraff yn y cefnau. Bu'n rhaid mynd yno chwech o weithiau cyn cael y golau iawn. I dynnu'r llun, roedd angen cyfuniad o weithredoedd gyda'r camera; rhoddwyd ei hyblygrwydd ar brawf yma – a'm hamynedd innau!

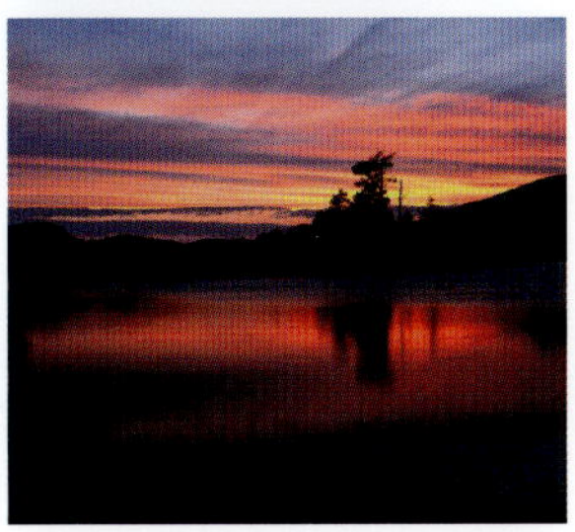

**Cyfnos yn Llynnau Cregennen.** **t. 59**

Wedi oriau o bistyllio bwrw glaw, daeth gwefr hanner awr ryfeddol. Mae'r goleuni mwyn, cynnil yn gweithio'n eithaf da yn y ddelwedd hon; byddai golau cryf, dramatig yn llesteirio'r hedd yn y llun. Clo tawel i ddiwrnod cythryblus – a gwell yfory, mae'n ymddangos.

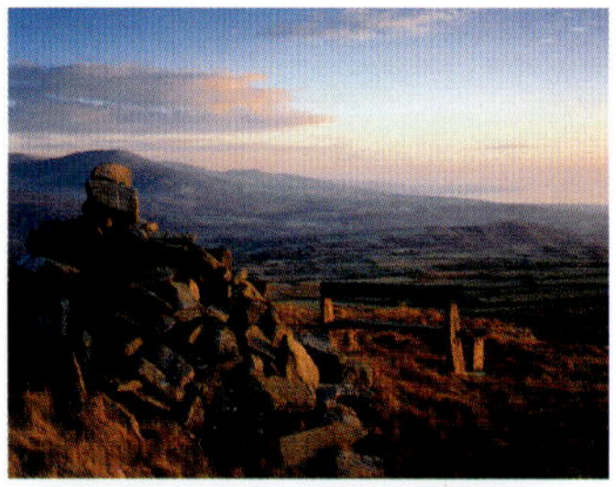

**Hafnos, Foel Senigl.** **t. 61**

Mae golygfeydd godidog i bob cyfeiriad o Foel Senigl; bron nad oes gormod o ddewis i unrhyw ffotograffydd. Dewisais edrych tua'r môr, gyda'r garnedd ar y copa yn dal pelydrau hwyr y dydd. Gwahoddiad yw'r fainc: i oedi a synfyfyrio'n gynnes cyn i'r haul fynd i'w wely.

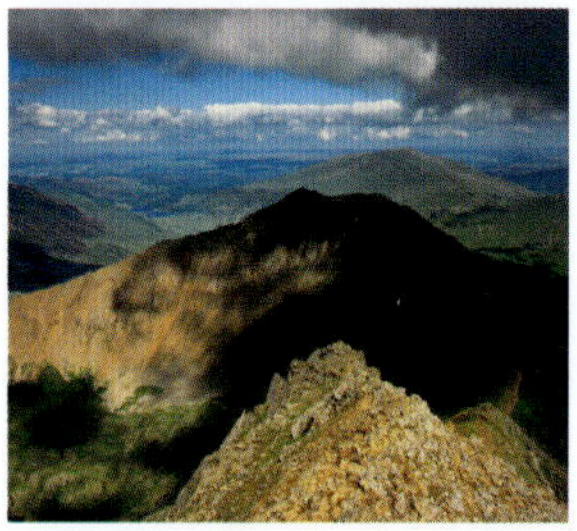

**Y Grib Goch, a Moel Siabod tu hwnt.** **t. 63**

Es i Fwlch y Moch (gwaelod ar y dde) heb ddod o hyd i lun i'm plesio, felly dringais i gyfeiriad Garnedd Ugain ac yn y pen draw gwelais yr olygfa hon y tu ôl i mi. Roedd y golau'n newid drwy'r amser felly bu'n rhaid disgwyl a disgwyl cyn cau caead y camera, ond roedd yno ddigon o gwmpeini a hwyl wrth i'r cerddwyr wasgu heibio i'r treipod ar yr esgair gul!

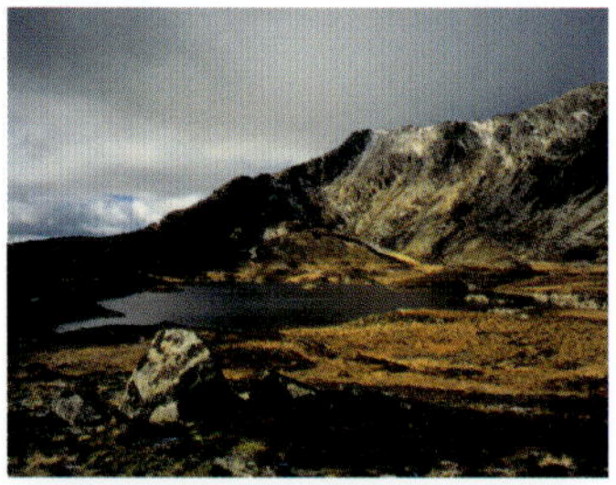

**Drama wrth Lyn y Foel.** **t. 65**

Roedd yr haul mewn cynllwyn â'r gwynt, yn chwarae mig â'r cymylau. Er fy mod wedi datguddio'r ffilm i dynnu sylw at y rhannau golau, er mwyn cael mwy o ddrama, dim ond dwy o'r chwe dalen o ffilm oedd yn siarp. Os bydd mwy o wynt nag awel gref, mae rheoli camera mawr fel f'un i braidd yn debyg i hedfan barcud!

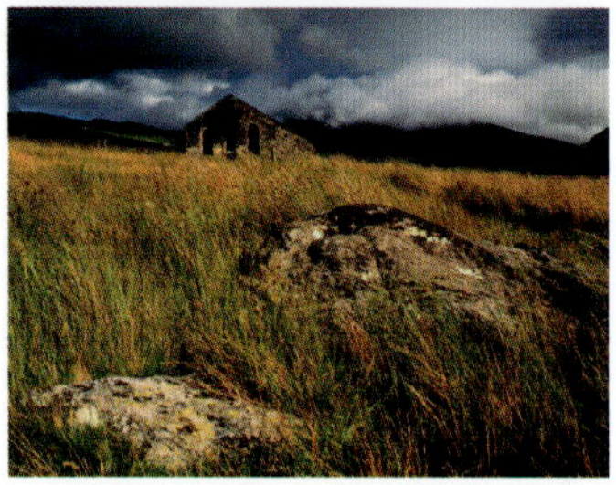

**Capel Hebron, Llanberis.** **t. 67**

Testun chwilfrydedd mawr i mi erioed fu'r ffordd y mae'r dirwedd yn adfeddiannu eiddo dyn pan ddaw eu cyfnod i ben. Dyma gyfansoddiad sy'n archwilio'r modd y mae'r capel yn dychwelyd at liwiau ac ansawdd y creigiau o'i amgylch; y creigiau a'i creodd. Trwy gadw cefn y camera yn fertigol cadwyd siâp priodol y capel, a thrwy ogwyddo mymryn ar y blaen mae'r ddelwedd gyfan yn siarp.

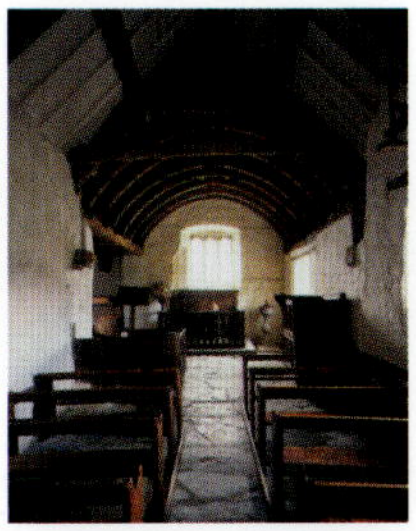

**Noddfa, Eglwys Llangelynnin.** t. 69

Yn ffodus iawn, roedd muriau gwynion Llangelynnin yn cadw lefelau'r goleuni yn eithaf gwastad yma, fel y gallai'r ffilm ymdopi â'r cyferbyniad. Yno, yn nannedd drycin, tynnais y llun i gyfeiliant gwynt yn udo dan y bargodau a glaw yn curo'n genlli ar y ffenestri. Ond roedd Llangelynnin, fel ag erioed, yn lle llonydd i'w ryfeddu.

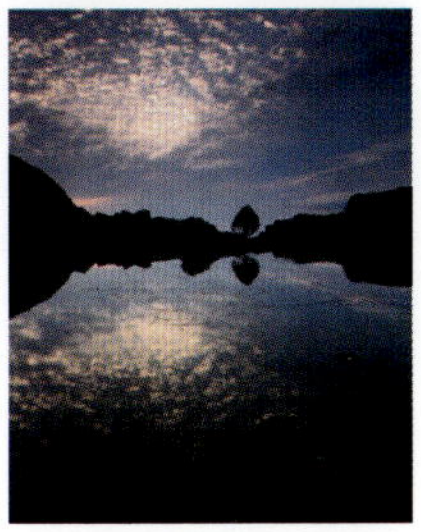

**Cyfnos Arthuraidd, Llyn Glas.** t. 71

Yng nghesail y Grib Goch, gyda golygfeydd braf i lawr Nant Peris a draw at y Glyderau, mae Llyn Glas yn arbennig o atmosfferig. Yn ôl y sôn, yma y daeth Myrddin i guddio gorsedd Lloegr pan ddaeth y Sacsoniaid i feddiannu'r tir. Yn ddi-os, ar y lan fin nos fel hyn, hawdd dychmygu wyneb y llyn yn crychu a Gwenhwyfar a Chaledfwlch yn codi o'r dŵr.

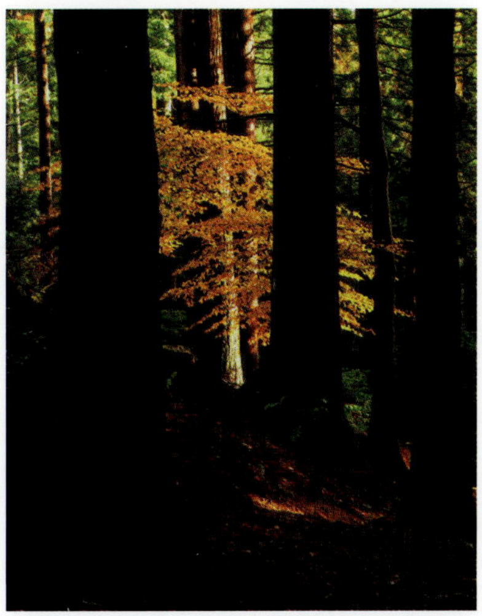

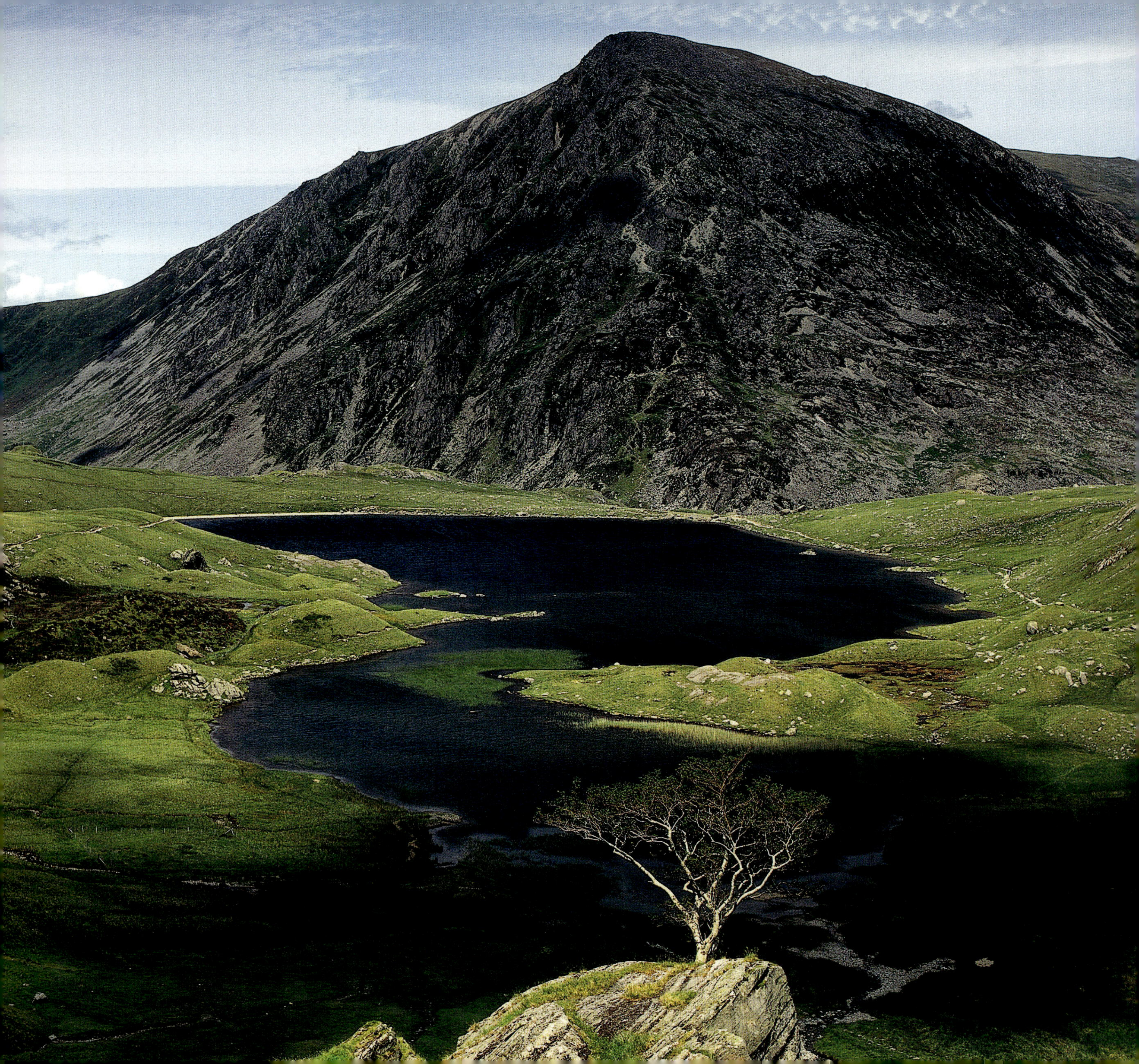

# PARC CENEDLAETHOL ERYRI —
## CYFEIRNODAU TUDALEN AT Y GOLYGFEYDD AR ORWEL ERYRI

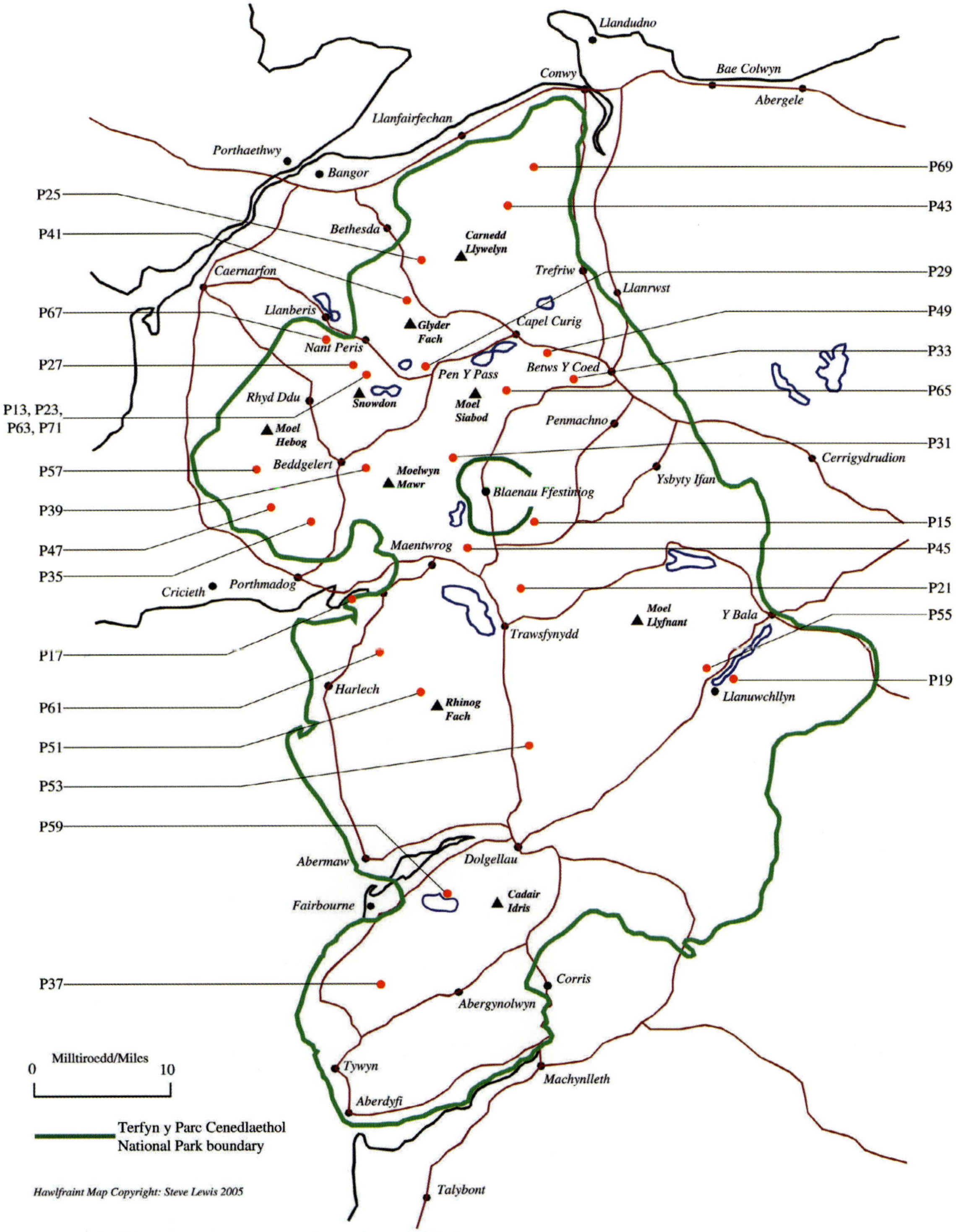

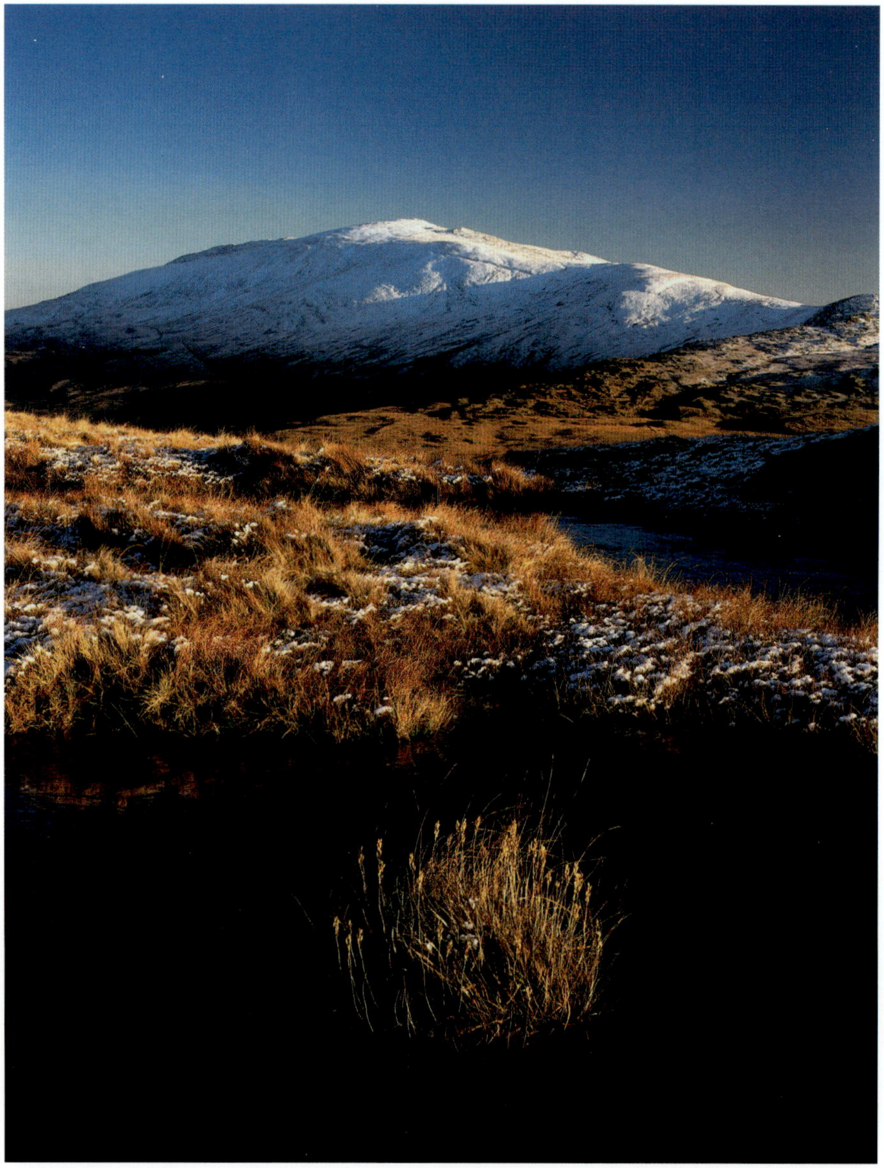

## Cymdeithas Eryri

Sefydlwyd Cymdeithas Eryri yn 1967 a'i diben yw sicrhau bod harddwch ac amrywiaeth tirwedd, bywyd gwyllt a diwylliant Parc Cenedlaethol Eryri yn parhau er mwynhad y genhedlaeth hon a chenedlaethau'r oesoedd a ddêl. Gyda thros 2,500 o aelodau, dyma'r brif elusen sy'n gweithio i warchod a gwella'r Parc Cenedlaethol.

Mae'r Gymdeithas yn weithgar dros ben yn y meysydd canlynol:

- monitro cynigion datblygu yn y Parc Cenedlaethol, gan gymryd camau priodol os credir bod hynny'n angenrheidiol. Er enghraifft, mae'n gwrthwynebu'r cynnydd yn niferoedd y tyrbinau gwynt ar gyrion y Parc a cheisiadau i osod mastiau ffonau symudol mewn mannau amlwg o fewn y Parc;
- astudio a chynnig sylwadau beirniadol ynghylch unrhyw bapurau polisi neu waith ymgynghorol sy'n effeithio ar y Parc;
- trefnu i glirio sbwriel a llanast a waredwyd yn anghyfreithlon, adfer llwybrau, cael gwared ar rywogaethau ymledol, yn enwedig rhododendron, a mentrau eraill tebyg;
- cynnal cystadleuaeth codi waliau cerrig sychion bob blwyddyn a Gwobrau Ffermio a Thirwedd bob yn eilflwydd i annog medrau traddodiadol ac amaethu sy'n gyfeillgar i'r amgylchedd;
- darparu rhaglen o deithiau cerdded a sgyrsiau i aelodau, a fydd hefyd yn derbyn cylchgrawn ddwywaith y flwyddyn, a chylchlythyr newyddion yn yr hydref.

Bydd y Gymdeithas yn gweithio'n agos gyda chymunedau lleol a sefydliadau eraill sy'n rhannu nodau tebyg, megis Awdurdod Parc Cenedlaethol Eryri, Cyngor Cefn Gwlad Cymru, Ymgyrch Diogelu Cymru Wledig, Cadwch Gymru'n Daclus, Cynghorau Sir Gwynedd a Chonwy.

Daw cyfran sylweddol o nawdd y Gymdeithas o danysgrifiadau'r aelodau ond bydd y Gymdeithas yn derbyn grantiau hefyd, a nawdd ar gyfer gweithgareddau penodol oddi wrth amryw o sefydliadau gan gynnwys cyrff statudol, ymddiriedolaethau elusennol a chyrff corfforaethol.

Er 1988, symudodd Cymdeithas Eryri i'r Tŷ Hyll, Capel Curig, sy'n adeilad trawiadol wedi'i godi o gerrig sychion anferth, rai ohonynt yn pwyso dwy neu dair tunnell. (Mae'n debyg iddo gael ei godi ganol y bedwaredd ganrif ar bymtheg yn fwthyn llawn cymeriad i apelio at y farchnad dwristiaid newydd). Mae swyddfeydd y staff i fyny'r grisiau ond mae gwaelod y tŷ a'r gerddi a phedair erw o goetir derw ar agor i'r cyhoedd yn ystod y tymor ymwelwyr.

Arolygir gwaith y Gymdeithas gan yr ymddiriedolwyr (Pwyllgor Gwaith). Mae gwirfoddolwyr yn rhan hollbwysig o waith Cymdeithas Eryri. Byddwn bob amser yn falch o gael aelodau newydd, boed hynny i gefnogi gweithgareddau'r Gymdeithas a derbyn y cylchgrawn, neu i chwarae rhan fwy gweithredol yn gwarchod a gwella Parc Cenedlaethol Eryri.

Cymdeithas Eryri, Tŷ Hyll, Capel Curig, Betws-y-coed, LL24 0DS
Ffôn: 01690 720287; E-bost: gwybod@cymdeithas-eryri.org.uk; Wê: www.cymdeithas-eryri.org.uk

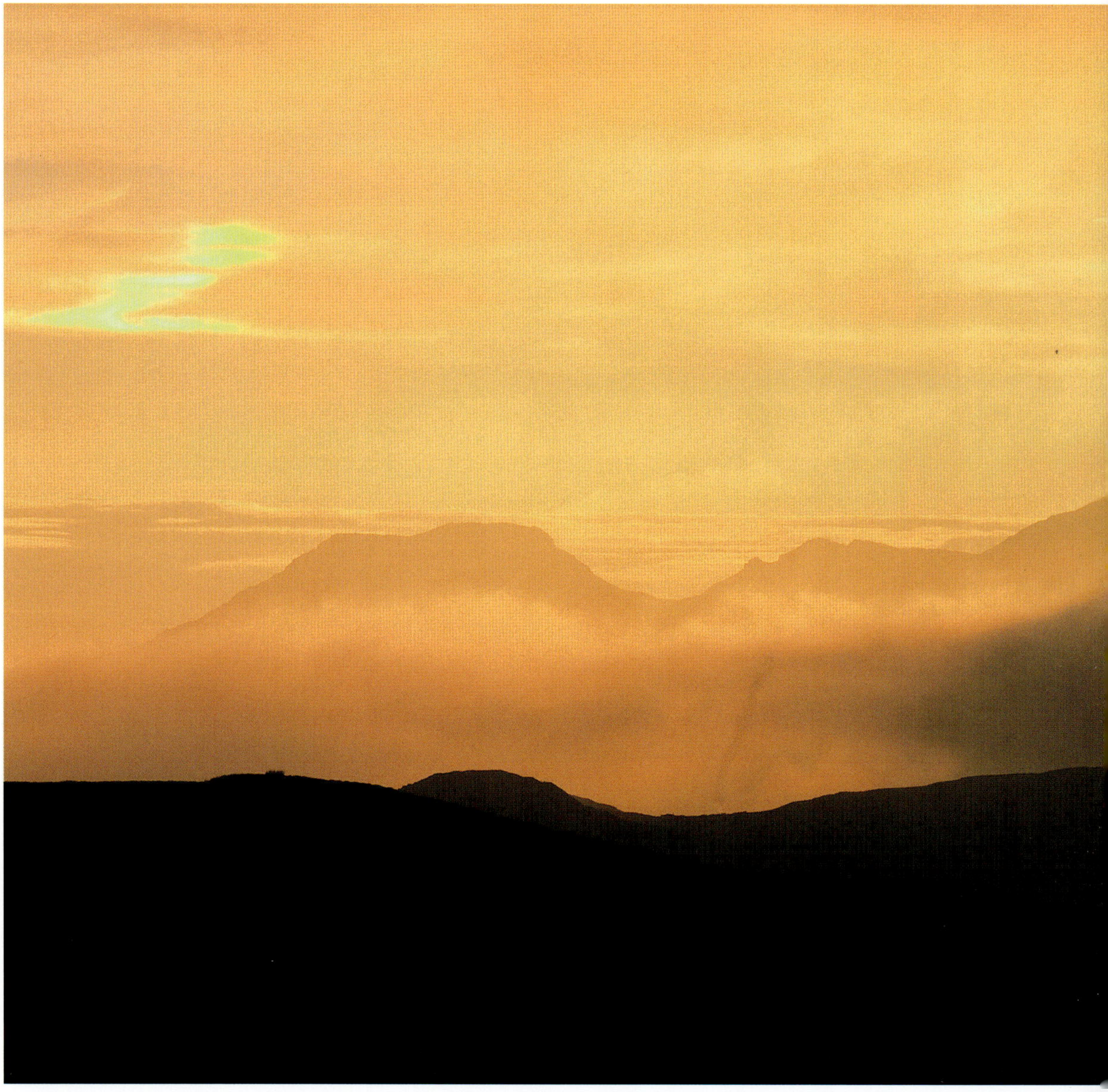

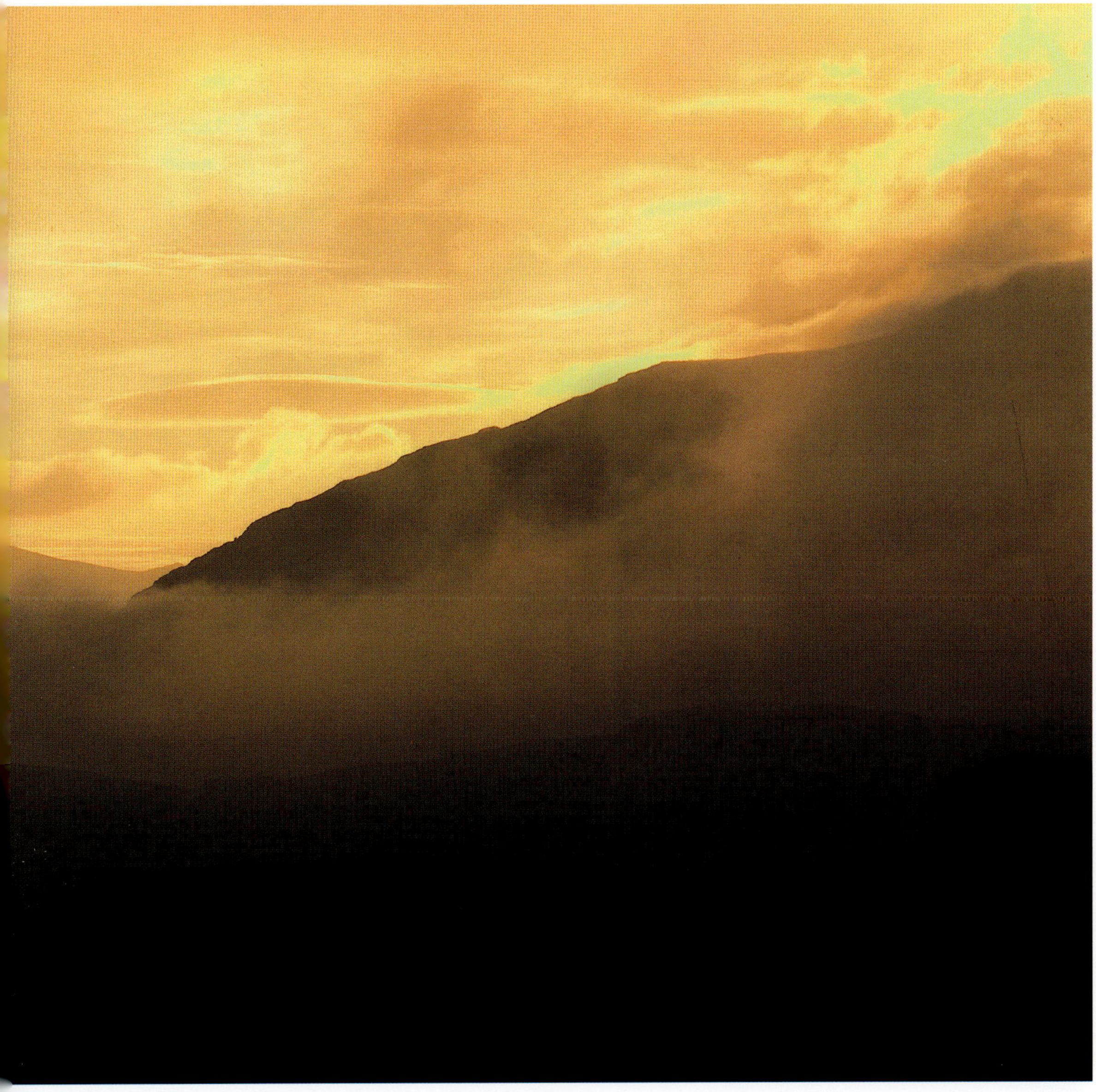